Pfarrbücherei — Rehhof

SALZBURG

© 1986 Residenz Verlag, Salzburg und Wien
Alle Rechte, insbesondere das des auszugsweisen Abdrucks
und das der photomechanischen Wiedergabe, vorbehalten.
Printed in Austria by F. Sochor, Zell am See
ISBN 3-7017-0441-4

SALZBURG

Die schöne Stadt

Text
WILFRIED SCHABER

Photographie
WERNER SCHNELLE

Residenz Verlag

Der Salzburger Residenzbrunnen, Kupferstich von Paul Seel, um 1665

Ein Salzburger Widerspruch

Diese Stadt ist ein bevorzugtes Ziel des Tourismus, nicht allein der Festspiele wegen, die allmählich das ganze Jahr in verschieden lange und unterschiedlich bedeutende Spielzeiten aufteilen; der Ort selbst wird aufgesucht, um seines unvergleichlichen Zaubers, um seiner Schönheit willen.
Lang ist die Reihe jener, die die Schönheit Salzburgs gepriesen haben. Der Weltreisende Alexander von Humboldt, der 1804 den denkwürdigen Satz: »Die Gegenden von Salzburg, Neapel und Konstantinopel halte ich für die schönsten der Erde« niederschrieb, ist nur einer der berühmtesten Bewunderer dieser Stadt. Das war vor hundertachtzig Jahren, und viel hat sich seither verändert. Doch auch der Besucher unserer Zeit findet hier offenbar noch, was sonst nur mehr wenige Städte bieten können.
Neben Begeisterung hat man immer wieder kritische, ja scharf ablehnende Stimmen gegen Salzburg vernommen. Wolfgang Amadeus Mozart schrieb 1779 seinem Vater aus München: ». . . Ich schwöre ihnen bey meiner Ehre daß ich Salzburg und die inwonner: ich rede von gebohrenen Salzburgern: nicht leiden kann; . . .« Thomas Bernhard hat die Stadt und ihre Bewohner verurteilt, Peter Handke wiederholt Kritisches geäußert, manche Künstler gar sehen die Altstadt bloß als eine »barocke Steinwüste«.
Überschaut man Begeisterung und Kritik, so kommt zutage, daß die Ablehnung meist nur die »Inwohner« trifft, ganz persönliche Erfahrungen mögen dazu Ursache sein. Begeisterung für die Stadt und Kritik an den Salzburgern, wie geht das aber zusammen?
Ein Lebensraum wirkt nachhaltig auf seine Bewohner, formt sie zu ganz bestimmter, unverwechselbarer Art. Die elementaren Eigentümlichkeiten eines Ortes, die Umwelt, die Landschaft, das Klima, sie sind Konstanten, die den Menschen auch prägen. Und die Kunst ist die Konkretisierung einer ganz bestimmten Lebenssituation, ist immer neue Interpretation des »Genius loci«. Ist sie nicht der Schlüssel zum Charakter eines Ortes und seiner Bewohner, muß es nicht Gemeinsames zwischen beiden geben? Hier stoßen wir auf einen Salzburger Widerspruch, auf ein vorläufig unaufgelöstes Rätsel.
In diesem Buch wollen wir vor allem die Kunst und ihre Geschichte nachzeichnen, wollen Merkmalen auf die Spur kommen, die das Unvergleichliche dieser Stadtlandschaft ausmachen. Wie weit man dann daraus Schlüsse, die Salzburger betreffend, ziehen darf, möge der Leser, der Besucher dieser schönen Stadt, selbst entscheiden. Nur eine Frage voraus: Ist Salzburg die Stadt der Salzburger, ist das wirklich *ihre* Stadt? Im Sommer darf man das füglich bezweifeln, die Cafés und Restaurants, die Museen, Straßen, Gassen, Plätze, ja sogar die guten Wohnungen sind von »Fremden« in Besitz genommen. Die Stadt ist tatsächlich zur gewaltigen Bühne geworden, die Salzburger sind höchstens Statisten, sitzen immerhin an den Eintrittskassen . . . Ist das ein Phänomen erst unserer Zeit, sind die Salzburger den wirtschaftlichen Verlockungen des Fremdenverkehrs erlegen, oder zeigt sich hier doch eine geschichtliche Konstante, verwandelt zwar?
Durch Jahrhunderte hat der erzbischöfliche Hof hier die Feste gefeiert, hat prunkvolle Bauten errichtet und die Bürger zu Zuschauern gemacht. Die Fürstbischöfe kamen von auswärts, die Künstler ebenso, den einen war die Stadt eine Bühne, die anderen errichteten die Kulissen dazu. Die Bürger hatten daran nur wenig Anteil, sie verkauften, murrend zwar, ihre Häuser dem Erzbischof, wenn die fürstliche Stadt Raum für repräsentative Plätze brauchte. Das Domviertel vergrößerte sich auf Kosten der Bürgerstadt, die Wohnungsnot war auch damals schon groß.
Die Stadt »lebt« (in mehrfachem Sinn) von ihrer ganz eigenartigen Schönheit, die zu benennen, die zu zeigen dieses Buch entstand. Hunderttausende besuchen Salzburg Jahr für Jahr. Womit lockt diese Stadt die Touristen, die ruhelos streifenden Nomaden unserer Zeit, die im Rhythmus der Schul- und Fabriksferien aus den öden großstädtischen Wüsten in diese Oase einfallen, durstig nach Erleben von Schönheit? Der Reisende des 20. Jahrhunderts, im allgemeinen in einem durchrationalisierten Leben stehend, sucht die Erregung der tiefen, emotionalen Schichten seiner Person. Das unbewältigte wilde Gebirge und das Meer begeistern ihn — und magisch durchwirkte Örtlichkeiten. »Romantische« Stätten besucht er, sie führen ihn gefühlsmäßig, ohne das Hilfsmittel »Geschichte«, in ferne, unbestimmte Vergangenheit zurück. »Romantische« Orte sind idyllisch, phantastisch, geheimnisvoll, Fülle und Vielfalt und eine starke, ausgeprägte Atmosphäre zeichnen sie aus. Das alles trifft auch auf Salzburg zu. Die Dichte der alten Verbauung erzeugt »Stimmung«, sorgt für unablässig starken Affekt, dessen der moderne Reisende bedarf; Salzburgs Denkmäler,

seine Stadtlandschaft, kommen diesen Erwartungen nach Affekt und Optik entgegen. Der Bereich um St. Peter spricht die romantische Natur der Menschen an, das Domviertel mit den Fassaden und Plätzen zeigt Klarheit, distanzierte Pracht und Ordnung, und die Monumente der Barockzeit tragen durch Plastizität und Bewegung zur Lebendigkeit des Stadtbildes bei. Der optischen Reize sind so viele und abwechslungsreiche, daß der eilige Besucher (»and where is Schönbrunn«?) bald »genug« gesehen beziehungsweise erlebt hat. Dann noch »den Honig aus dem Felsen und das Öl aus dem härtesten Gestein zu saugen«, ist nicht die Sache der Touristen unserer Zeit (mit diesen Worten hat Durandus von Mende im 13. Jahrhundert die Mühen um die Sinndeutung der christlichen Liturgie allegorisch umschrieben). Um solches Verstehen zu fördern, bedürfen die Eigentümlichkeiten dieser Stadt aufmerksamer, auch unkonventioneller Betrachtung und Erläuterung, fern von den erhabenen Gedanken über die Kunst; die Bilder dieses Bandes und dieser Text wollen Hinweise dazu geben.

Gedanken über das »Salzburgische« der Stadt

SALZBURG ZWISCHEN FELS UND FLUSS

Die Stadtberge, der Mönchsbergrücken mit dem Festungsberg, der Kapuziner- und der Rainberg vor dem Panorama des Gebirges, bestimmen wesentlich die Gestalt der Stadt. »Inselberge« waren das, in einem eiszeitlichen See, der das ganze Becken bis zum Gebirge füllte, sie luden schon früh die Menschen zur Besiedlung ein. Nach der Austrocknung dieses urgeschichtlichen Wassers hat sich die Salzach, aus dem Gebirge kommend und im Voralpenbecken einen Weg suchend, merkwürdig genug, gerade zwischen diesen Inselbergen hindurchgezwängt, um dann befreit nach Norden zu fließen. Bis zur Regulierung im 19. Jahrhundert suchte sich der Salzachfluß im freien Land mäandernd seinen Weg, nur im Stadtgebiet war dieser schon immer vorgezeichnet, hier gab es die natürliche Einfassung der Felsen; der Fluß und dieser Fels haben den Ort geprägt. Die Mönchsberghöhlen, vielleicht schon in der Zeit des frühen Christentums zu Kapellen geweiht, kann man als vorgeschichtliche Auskolkungen des Flusses deuten. Gräbt man im Stadtgebiet in die Tiefe, so erreicht man nach vier bis sechs Metern unberührten Schwemmsand. Die Stadt ist, wenn schon nicht auf Sand, so doch auf eine Schotterbank gebaut, die etwa der Gestalt eines Halbkreises entspricht, dessen eine Spitze im Westen am Müllner Tor, die andere am Kajetaner- oder Schanzltor, am Ostabsturz des Nonnbergs, liegt.

Dem Gebiet der Altstadt fehlte mithin der sichere, bleibende Grund, denn Schotterbänke verändern sich mit den Launen des Wassers. Im Rhythmus der Jahreszeiten bringt es Schwemmaterial und nimmt es im nächsten Jahr wieder mit. Dort, wo schon Humus sich ablagert, kann plötzlich wildes Wasser sich den Weg suchen. Unsicherheit und Unordnung herrschen, der Zufall des launischen Wetters weit weg im Gebirge diktiert die widerstandslos sich ändernde Gestalt der Schotterbank.

Der Grund der Stadt ist also unfest, irgendwie bodenlos, und auch die Begrenzung im Norden, das Flußufer, änderte ständig seinen Verlauf. Wenn es stimmt, daß Orte (im weitesten Sinn) ihre Präsenz, ihr spezifisches Sein von ihrer Grenze, ihrer Umfriedung erfahren — »Die Grenze ist nicht das, wobei etwas aufhört, sondern ... die Grenze ist jenes, von woher etwas sein Wesen beginnt« (Martin Heidegger) —, dann muß Salzburg — auf unbestimmtem Grund und von einem veränderlichen Fluß eingefaßt — von einer eigenartigen »Unordnung«, von einer existentiellen »Unbestimmtheit« erfaßt sein.

Nachdenklich stimmt es, wenn man in diesem Zusammenhang hört, daß Peter Handke Salzburg die »Stadt der unordentlichen Geher« genannt hat, daß »Mulmigkeit« einer ihrer Charakterzüge sei. »Sind Sie schon einmal im Wald, zum Beispiel während eines Anstiegs auf einen Berg, ausgerutscht und haben dabei durch die Laubschicht am Boden in einen vermoderten Baumstrunk gegriffen? Gerade dadurch, daß die Hand auf keinerlei Widerstand trifft, ist es für einen Augenblick, als gäbe es sie nicht mehr ...: ein vergleichbares Erlebnis habe ich allzuoft beim Betreten der Stadt hier«, läßt er in »Der Chinese des Schmerzes« einen Maler sagen. Hier tauchen bedenkliche Ortsqualitäten auf, denen viele erliegen (»Manche sagen, sie würden im Zentrum ergriffen von schlechter Laune«), gegen die andere Großartiges schufen.

Unveränderlich war in Salzburg nur der Fels, der die Stadt im Süden wie eine hohe Mauer umschließt. Was anderswo der feste Grund, war hier die lotrechte Felswand des Mönchsbergs, die der Stadt Rückhalt gab. In den Höhlen dieses Berges, wo die ursprünglichen Kräfte der Erde noch immer gegenwärtig sind, wo einzig und allein im Bereich der Altstadt Sicherheit, Festigkeit war, an diesem Ort erfuhren die frühmittelalterlichen Einsiedler das Geheimnis der Natur, das für sie die Gegenwart Gottes bedeutete. Wundert es noch, daß der christliche Gründer der Stadt Rupert hieß, dessen Name vom lateinischen Wort für Fels — »rupes« — sich ableitet, daß er seine Gründung Petrus weihte, dem Fels, auf den Christus seine Kirche baute? Mystische Zusammenhänge zwischen Name und Ortscharakter werden hier berührt; die Legende berichtet, daß Rupert, der zuerst in Seekirchen sich niedergelassen hatte, von einer inneren Stimme gemahnt, schließlich nach Salzburg an den Felsen gezogen sei, um hier seine Bischofskirche zu gründen.

Dieser Fels, der Mönchsberg, ist eigentlich ein flacher Rücken, eine Felsbank, ein übriggebliebenes Stück Grund. »Der Mönchsbergrücken ist nicht gerade, sondern wiederholt die zwischen den Himmelsrichtungen schwingenden Salzachmäander unten. Er besteht aus dem Deltaschotter, den der Fluß bei der Mündung in den einstigen großen See da abgelagert hat. Die Ablagerung geschah so gleichmäßig wie rhythmisch und ist immer noch nachzuerleben an dem Streifenmuster, das, leicht geneigt, den Berg in seiner ganzen Länge unterteilt und im Winter verdeutlicht wird von dem in den Streifenrillen anwehenden Schnee und den dicht an dicht da herabhängenden Eiszapfenbahnen. Den Schotter — fingernagel- bis faustgroße Kieselovale — hält eine hellgraue Kalkmasse zusammen, die mit ihren schroffen Vorsprüngen, Zuspitzungen, Schneiden und Ritzen dem Mönchsberg das Scharfkantige und Riffartige gibt. Wo die Kiesel aus dem Kalk gefallen sind, erscheint der Fels wie verdunkelt von Kraterschwärmen. Die Humusschicht obenauf ist dünn, und die Wurzeln der Bäume (in der Regel Buchen und Eichen) durchwachsen den oft porösen Gesteinsuntergrund« (Peter Handke, »Der Chinese des Schmerzes«).

Bauen kann ganz unbewußt zu einem Mittel des Verstehens werden; die Salzburger haben die Grundgestalt ihrer Häuser dem Blockcharakter des Mönchsbergs nachgebildet. In den Häusern der Altstadt, die, kubisch und scharf begrenzt und mit flachen Dächern, sich nach den Gassen biegen, erkennt man das Riffartige des Berges wieder. Die einzelnen Hausindividuen sind bis zur Ununterscheidbarkeit zu Zeilen zusammengewachsen, keinem wurde eine persönliche Prägung erlaubt. Abweisende, isolierte »Häuserriffe« mit geschlossenen Mauerflächen entstanden so, die keinen Kontakt mit der Umgebung suchen. Die Wände sind glatt, ohne Relief durch Erker oder Vorsprünge, schmuck- und farblos. Grau war der vorherrschende Ton, bis in den letzten Jahren eine Kommission den Salzburgern durch bunte Farben mehr Fröhlichkeit verordnete.

Man hat diesen Charakter der Salzburger Häuser vielfach auf italienischen Einfluß zurückgeführt, richtiger wäre es aber, von ortsbestimmter Notwendigkeit zu sprechen, denn die kubische, blockhafte Gestalt der Salzburger Häuserzeile ist autochthon, sie ist eine Konkretisierung der potentiell in der Salzburger Umwelt gegebenen Formen: Die aus den Gassen ragende Häuserzeile bildet das Riff des langgestreckten Mönchsbergs nach.

Wie sehr alte Gerinne haben sich die Verkehrswege in dieses Konglomerat dicht an dicht stehender Häuser eingetieft, der Fluß scheint sich wieder seinen Weg durch die Stadt gebahnt zu haben, zwischen den Häusern dabei untiefen Schotter hinterlassend. Besucherströme drängen wie Geschiebe durch die engen Gassen. Diese »Stadt der unordentlichen Geher« ist nicht für Aufmärsche geeignet, Massenkundgebungen finden ausschließlich auf dem Residenzplatz statt. Mit seinem in eingesenkter Mitte liegenden Brunnen ist er ein »Gries«-Platz, aus dessen wasserführendem Schottergrund die Fontäne, von hohem Druck befreit, nach oben schießt.

Auf solchem Grund kann es auch keine Vegetation hohen Alters geben. In der Altstadt fehlen die ehrwürdigen Bäume, der mächtige Ginkgo an der Westseite der Universitätskirche ist ein Fremdling, eine übriggebliebene Kuriosität aus dem ehemaligen botanischen Garten.

Viele Häuser wirken wie eingesunken, sie verschwinden sockellos im Boden, dagegen stemmen sich die Mauern der Paläste auf nach unten verbreiterten Grundfesten sicher nach oben. Die Gebäude dieser Stadt gewinnen kaum Halt im untiefen Grund, durch ihr Aneinandergebautsein und durch eine merkwürdige Qualität des »Hängens« wird leidlich Stabilität erreicht. Das »Herabhängen«, »auf Seilen vom Himmel hängen« von Architektur war nicht immer eine leere Metapher. Die Kuppel der Hagia Sophia wurde als an einem goldenen Seil hängend beschrieben, die Gewölbe gotischer Dome schienen den Zeitgenossen in den Wolken verankert. Heilige Häuser mußten nicht immer nur mühsam — gegen die Schwerkraft — errichtet werden, die Vorstellung, daß sie, von Engeln getragen, einst aus der Luft herabgeschwebt waren, war durchaus vertraut. »Denn daß der Wille, der ein Bauwerk erzeugt hat, bloß ein Kunst-Wille gewesen sei, das ist eine sehr neuzeitliche Vorstellung« (Erhard Kästner).

Es ist die Mönchsbergwand im Hintergrund, die den Gebäuden Festigkeit verleiht, morphologische Gemeinsamkeiten verbinden Architektur und Felsen. Das Vorherrschen der großen, liegenden Wandflächen, die nur unmerklich von Öffnungen durchbrochen sind, ist eine andere Eigenheit der Salzburger Bautradition. Auch dafür war die Felswand unbewußtes Vorbild, ist das Bauen Interpretation der Umwelt, folgt es dem »Genius loci«.

»EUCH REGIERT DER SCHATTEN«

Die Mächtigkeit des senkrechten Felsabbruchs, der sich vor die Stadt und gegen die Sonne stellt, verhindert den Zutritt des Lichts, macht die Schatten lang. Die Altstadt liegt »im Schatten des Berges« im wahrsten Sinn des Wortes. Sonnenuhren weisen nur im Hochsommer, wenn die Sonne senkrecht steht, die Zeit. Dennoch oder vielleicht gerade weil man hier das Wandern der Schatten so überdeutlich sah, erschien im Jahr 1719 in einer Salzburger Druckerei ein hochgelehrtes, anonymes Werk über »Schattenwerfer«, wie die Sonnenuhren, unüblich zwar, doch aus der Lage des Orts verständlich, darin genannt werden. Erzbischof Leopold Anton Freiherr von Firmian (1727—1744), ein Sammler von Uhren und allerlei Zeitmaschinen, ließ vor allem kunstvolle Sonnenuhren verfertigen, das Museum Carolino Augusteum verwahrt einige besonders schöne Beispiele. Eine Sonnenuhr ist auch auf seiner 1728 geprägten Porträtmedaille dargestellt, sie trägt die vielsagende Inschrift: »Me sol, vos umbra regit« (»Mich regiert die Sonne, euch der Schatten«).

Ein Wirt in der sonnenarmen Gstättengasse wollte sich diesem Verdikt nicht fügen, im 18. Jahrhundert hängte er an jener Stelle der Gasse, die nie ein natürlicher Sonnenstrahl erreicht, das Sonnengesicht über die Haustür, um mit den vergoldeten Strahlen Gäste in die schattige Gasse, ins »Gasthaus zur Sonne«, zu locken.

GENIUS LOCI

Die Alten haben sich ausgezeichnete Örtlichkeiten, Quellen, Bäume, Haine oder Landstriche, die eine landschaftliche Eigenart in Verdichtung zeigten, von Schutzgeistern bewohnt gedacht. Die antiken Mythen berichten von diesen göttlichen Wesen, von diesen Geistern, die mit bestimmten Orten verbunden waren. Kein Sterblicher konnte sie ungestraft erblicken, er wurde mit Blindheit oder Wahnsinn geschlagen.

Es war dies ein Glaube an meist unsichtbare, in den konkreten Dingen der umgebenden Welt vorhandene Mächte, die von ihnen nicht zu trennen waren und auf denen ihr Leben beruhte. Sie waren lokale Schutzgeister, doch konnten sie anscheinend auch vertrieben werden, indem die Stätte, wo sie hausten, zerstört wurde. Zahllose Beispiele ließen sich anführen, wo christliche Missionare ungestraft heilige Bäume fällten, verehrte Quellen zuschütteten. Waren sie also keine Realitäten, sondern nur Bilder der den Menschen eigenen Stimmungen?

Diese Mächte, denen die Griechen fest umrissene, menschliche Gestalt gaben, die in der römischen Welt als ein Numen, eine wirksame, göttliche Gewalt, später als »Genius loci«, als Schutzgeist eines Orts, angesehen wurden, »mußten mit den konkreten Dingen auf eine Weise verbunden gewesen sein, die nicht so einfach formuliert werden kann, wie unser Verstand es wünscht und wie die alten Legenden es darstellen« (Walter F. Otto).

Im kriechend langsam gleitenden lemurenhaften, amorphen Wesen der Schlange fand römischer Glaube ein angemessenes Bild seiner Vorstellung vom chthonischen Ursprung des Ortsgeists.

Das Bauen an solchen Plätzen jedenfalls geschah im Einklang mit dem Genius des Ortes. Dieser Genius loci war das »Gegenüber«, mit dem der Mensch sich einigen mußte, wollte er in Harmonie mit seiner Umwelt leben. Es ist das jene schwer zu beschreibende Harmonie, die wir an alten Städten und Dörfern bewundern, die man an der Lage eines Gehöfts am Hang bemerkt oder an der Art, wie landschaftliche Charakteristika im Bauen der Menschen sich wiederfinden.

Gerade das alte Salzburg ist ein hervorragendes Beispiel, um diese Harmonie zwischen Landschaft und Stadt, zwischen Natur und Kunst, zu demonstrieren. Der Respekt vor dem Genius loci bedeutet jedoch keineswegs Imitation der alten Vorbilder, ihn beschützen und bewahren heißt gerade sein Wesen in immer neuen historischen Situationen zu interpretieren. Bedingung dafür ist, die Stadt als individuellen, gewachsenen, lebenden Organismus zu verstehen und nicht als abstrakten Raum, wo die »blinden« Kräfte von Wirtschaft und Politik im freien Spiel wirken dürfen. Die Strafe des Genius loci für die Zerstörung eines Orts ist nicht Demonstration seiner Macht, sondern sein Verschwinden. »Verlust des Orts« nennt man, wenn Gebäude in keiner Beziehung zur Landschaft oder zum Stadtganzen mehr stehen, wenn die städtischen Zentren als Orte des Gemeinschaftslebens aufgehört haben zu wirken, wenn »Unbehaustsein« ein allgemeines Symptom wird.

Der Solari-Dom und die gotische Franziskanerkirche, im Hintergrund der Turm der Klosterkirche auf dem Nonnberg

Der Residenzplatz mit Dom und Residenz, Dombögen und Brunnen →

Der Dom, davor der Domplatz, links am Bildrand das Glockenspiel

Der lichtdurchflutete Chor des Doms mit dem Hochaltar

Die Kapellenreihe im Südschiff des Doms

Fiaker warten auf dem Residenzplatz

Der Innenhof der Residenz

Die »Schöne Galerie« der Residenz mit der Kaminnische für den »Jüngling vom Magdalensberg«

Die Franziskanergasse, im Hintergrund das Kleine Festspielhaus

Der Hochaltar in der Franziskanerkirche

Im Hof von St. Peter

← Die Türme von St. Peter

Der Klosterbezirk St. Peter, im Hintergrund das Kleine Festspielhaus

Auf dem Petersfriedhof

Die Franziskanerkirche mit der Kuppel von St. Peter und der Margarethenkapelle

Die Festung Hohensalzburg über den Türmen der Stadt →

Die Kapitelschwemme

Die Herrengasse

Der »Goldene Saal« auf Hohensalzburg

Auf der Festung Hohensalzburg

Die Türme der Erzabtei St. Peter

Blick von Hohensalzburg über die Stadt gegen Norden

St. Erhard im Nonntal

Benediktinerinnenabtei Nonnberg

Portal der Stiftskirche Nonnberg

In der Klosterkirche auf dem Nonnberg

Die Häuser am Waag- und am Mozartplatz und die Kirche St. Michael, im Hintergrund das Kapuzinerkloster

Hauskapelle im »Andretter-Haus«, Mozartplatz 4

Arkadenhof im Trakl-Haus, Waagplatz 1a

Der Mozartplatz

Der Florianibrunnen auf dem Alten Markt

Der Alte Markt

Das Café Tomaselli am Alten Markt

Die Getreidegasse

Der Grünmarkt (Universitätsplatz) mit Mozarts Geburtshaus

Die Kollegienkirche

St. Peter und das Kleine Festspielhaus

Die Felsenreitschule

Der »Wilde-Mann-Brunnen« und die Kollegienkirche

Die Hofstallschwemme und der alte Marstall — heute das Große Festspielhaus

Das Neutor in der Riedenburg

Die Getreidegasse mit dem Turm der Bürgerspitalskirche St. Blasius

Das Bürgerspital am Mönchsbergfelsen

Das Gstättentor

Blick zur Müllner Kirche

← Die Salzburger Altstadt von Nordwesten

St. Markus (ehemalige Ursulinenkirche), rechts am Berg die Gstättengasse

Die Augustinergasse in der Vorstadt Mülln

Salzburg von Nordwesten

Blick vom Mönchsberg auf die Vorstadt Riedenburg mit Rainberg und Untersberg →

Der Mirabellgarten

Die Prunktreppe im Schloß Mirabell

Die »Fechter« am Eingang zum Mirabellgarten

Vestibül im Schloß Mirabell mit Blick auf den Pegasus

In den Arkaden des Sebastiansfriedhofs

Der hl. Markus in Wolf Dietrichs Mausoleum auf dem Sebastiansfriedhof

Die Gerberhäuser an der Imbergstraße

Die Dreifaltigkeitskirche, im Hintergrund Schloß Mirabell

Panorama der Stadt gegen Süden
mit Festung und Untersberg

Die Hellbrunner Allee

Schloß Hellbrunn

Der Freskensaal im Schloß Hellbrunn

Das »Römische Theater« in Hellbrunn

Weiher in Hellbrunn

Das »Monatsschlößl« auf dem Hellbrunner Berg

Schloß Leopoldskron

Schloß Klesheim

Die Wallfahrtskirche Maria Plain

Die Kuppel der Kollegienkirche und das Kapuzinerkloster

←Hohensalzburg in der Abenddämmerung

Die Dreifaltigkeitskirche und St. Sebastian, im Hintergrund der Vorort Gnigl

Salzburger Kuppeln und Türme

Salzburgs Anfänge — frühes Mönchstum

Auch dem Denken gibt diese Felswand Halt, das Nachsinnen über die Anfänge Salzburgs kommt erst an diesem Felsen mit seinen Höhlen zur Ruhe; nur von hier, meint man, könne Salzburgs Geschichte ihren Ausgang genommen haben. Anfänge sind faszinierend, entscheiden sie doch über die spätere Entwicklung, sie bestimmen die Richtung, den Charakter einer Stadt.

Zu den Anfängen Salzburgs kann uns die »profane« Geschichte führen, die ein chronologisches Gerüst aus Jahreszahlen errichtet hat. Je weiter man aber in die Vergangenheit zurückgeht, desto spärlicher fließen die Quellen, desto weitmaschiger ist das Netz aus sicher verbürgten Nachrichten. Eine andere Möglichkeit, einen Blick zurück in die Geschichte zu werfen, bietet die »historia liturgica«, die geglaubte und gelebte Geschichte der Kirche. Der Jahreslauf ihres liturgischen Festkalenders wiederholt den Gesamtablauf der kirchlich-religiösen Geistesgeschichte, der als welthistorisches Ganzes begriffen wird. Im christlichen Festkalender, in dem, je nach Diözese, auch lokale Heilige eine bedeutende Rolle spielen, spiegelt sich die »Gemeinschaft der Heiligen«, deren Gedenktage auch profan-historisch sichere Daten sind. Die Lebensbeschreibungen der Landesheiligen haben schon in früher Zeit die Kalenderdaten ergänzt und wertvolle historische Nachrichten überliefert.

Einen ganz anderen Zugang zur Geschichte, zu den Anfängen, kann vielleicht die wie die »historia liturgica« dem chronologischen Denken enthobene, typologische Betrachtung eröffnen. Typologisches Denken arbeitet mit Analogien zwischen verschiedenen Bereichen, um eines durch das andere zu erhellen, verstehbar zu machen, Sinn zu entdecken. Dieses Suchen nach Sinnzusammenhängen kann das Fernste verknüpfen und dadurch das »Wechselleben der Weltgegenstände« (Johann Wolfgang von Goethe) durchscheinen lassen. Es vermag in der Natur Präfigurationen, Vorweggenommenes, auch Vorbildhaftes zu finden und erkennt im gleichen Verhalten von Natur und Mensch eine gemeinsame Ursache.

Es gibt Landschaftstypen, die durch eine ganz charakteristische Wesenhaftigkeit, einen ausgeprägten Genius loci, ausgezeichnet sind und die bei Tier und Mensch verwandtes Verhalten begründen. Dazu gehört auch die von Höhlen durchsetzte Felswand über dem Fluß. In der antiken Literatur schon waren Felswand und Höhle ein literarischer Topos für die Zuflucht der Sanftmütigen, der Tauben. Und wie die Tauben, so handeln auch jene Menschen, für die dieser Vogel, der »ganz einsiedlerisch in der Wüste wohnt, da er es nicht liebt, mitten im Gewühle der Leute zu sein« (Der Physiologus, um 200 n. Chr.), das Vorbild in der Natur ist — die Mönche. Taube und Mönch, Falke und Ritter sind Gegensatzpaare: die einen sind Sinnbild der »vita contemplativa«, des beschaulichen Lebens, die anderen verkörpern die »vita activa«. Den Tauben, die »verborgen Genist und Haus im hohlen Gestein« haben (Virgil, Äneis), ist die Felsenhöhle Zuflucht vor dem Falken, die Mönche finden in der höhlenreichen Felswand Schutz vor den Gefährdungen der Welt. »Die (Turtel-)Taube liebt es, in die Einsamkeit zu gehen; und die edelsten Diener Christi sollen es lieben, in die Einsamkeit zu gehen« (Der Physiologus).

»petra refugium« — im Fels ist Zuflucht,
Emblem von Henrik Engelgrave, 1654

IM FELS IST ZUFLUCHT — PETRA REFUGIUM

Dieses barocke Emblem des 17. Jahrhunderts könnte mit dem Motto »petra refugium — im Fels ist Zuflucht« als Sinn-Bild über Salzburgs Frühgeschichte stehen. Die Darstellung der höhlendurchsetzten Felswand an einem Fluß, in die sich eine vom Falken verfolgte Taube flüchtet, wurde vom Herausgeber, dem Jesuiten Henrik Engelgrave, durch entsprechende Zitate aus der antiken und der christlichen Literatur, die von der Höhle als des Leidens Zuflucht künden, erläutert. Auf einer Zellentür im Novizengang der Erzabtei St. Peter ist dieses Emblem prägnant (und in vielsagender Allusion auf den Klosterpatron) mit dem schon genannten Lemma »petra refugium« versehen.

Der bayerische Geschichtsschreiber und Humanist Johannes Turmair, genannt Aventinus (1477—1534), hat in seiner »Bayerischen Chronik« von 1566 (geschrieben 1520) dieses den Salzburger Mönchsbergfelsen beherrschende »Zufluchtsmotiv« erkannt und historisch-wissenschaftlich zu belegen versucht. Seine Verbindung der Höhlenkirchen mit der bei Eugippius erzählten Märtyrergeschichte des Maximus (»mehr dann 55 wurfens aus den felsen herab ... wie man noch heutigen tag zaigt und siecht«) erfolgte jedoch zu Unrecht, sie beruhte auf der Verwechslung des Ortsnamens Joviaco (Schlögen an der Donau) mit Juvao (Salzburg). Im 17. Jahrhundert haben die Geschichtsschreiber des Petersklosters, vor allem die Brüder Mezger, in ihrer »Historia Salisburgensis« (1692) nicht aus konkretem geschichtlichem Wissen, sondern wohl vor allem aus ihrer Kenntnis biblischer und außerbiblischer Typologie das »Zufluchtsmotiv« beibehalten und ihm die Märtyrerlegende unterlegt. Aus diesem Jahrhundert datiert aber auch die Tradition einer »Wohnhöhle des hl. Rupert« in der Kreuzkapelle am Mönchsbergfelsen. In dieser neuen Tradition kündet sich bereits ein kritischeres historisches Verstehen an, das »Zufluchtsmotiv« wird nun mit der viel sicherer verbürgten Gestalt Ruperts, des »Gründers Salzburgs«, verbunden.

DER HL. SEVERIN

In den unsicheren Jahren nach dem Tod des Hunnenkönigs Attila (453 n. Chr.) erscheint in der römischen Donauprovinz Ufernorikum Severin, ein heiligmäßiger Mann. Diese Provinz, in der auch das Munizipium Juvavum (Salzburg) lag, erstreckte sich vom Donauufer bis zum Alpenhauptkamm, vom Wienerwald bis zum Inn. In das Vakuum, das nach der Auflösung der hunnischen Macht entstand, brachen germanische Stämme ein. Rom ließ die Provinz, vor allem die gefährdeten Orte an der Donau, räumen, die romanisch sprechende Stadtbevölkerung wurde nach Italien evakuiert. Severin, ein Römer, der vor seiner Berufung zum Christentum ein hoher Verwaltungsbeamter gewesen zu sein scheint, leitete den Abzug der Romanen von der gefährdeten Donaugrenze. Auf diesen Reisen besuchte er auch Salzburg, über die Wunder, die er hier wirkte, berichtet sein Schüler Eugippius, der Severins Leben im Jahr 511 aufgezeichnet hat: »So geschah es auch in der Nähe einer Stadt namens Iuvao, als man eines Tages zur Sommerszeit zum Abendgottesdienst in die Basilika kam und nirgends Feuer zum Anzünden der Lichter vorfand; man brachte auch kein Feuer durch das übliche Aufeinanderschlagen von Steinen zustande und verspätete sich, während man Eisen und Stein aufeinanderschlug, derart, daß die Zeit des Abendgottesdienstes vorüberging. Doch der Mann Gottes kniete auf der Erde und betete inbrünstig. Und alsbald wurde vor den Augen dreier damals anwesender Geistlicher die Kerze, die der heilige Severin in der Hand hielt, entzündet. Bei ihrem Scheine wurde der Abendgottesdienst wie gewöhnlich abgehalten, und man dankte Gott für alles ...« (Kap. 13)

»Es geschah auch, daß eine Frau aus demselben Orte, von langer Krankheit geplagt, halbtot darniederlag. Schon waren die Vorbereitungen zum Begräbnis getroffen, da unterdrückten ihre Angehörigen in stummer Trauer die Totenklage durch die Stimme des Glaubens und legten den schon fast leblosen Körper der Kranken vor die Tür der Zelle des heiligen Mannes nieder ...« Durch seine Gebete erweckte sie Severin zum Leben. ». . . die Frau aber begann am dritten Tage nach ihrer Genesung die Feldarbeit nach Landessitte eigenhändig zu verrichten.« (Kap. 14)

In diesem Bericht sind mehrere Stellen für Salzburg bemerkenswert. Das Kerzenwunder geschah in einer »Basilika«, in der Nähe, am Rande der Stadt; drei »spiritales« werden erwähnt. Nach dem Sprachgebrauch jener Zeit deuten diese Ausdrücke auf eine Klosterkirche und auf eine Gemeinschaft von Mönchen hin. In diesem Kloster, in einer seiner »cellulae«, scheint Severin auch gewohnt zu haben. Mit diesem Bericht des Eugippius ist für das 5. Jahrhundert in Salzburg eine Klostergemeinschaft mit Kirche bezeugt; die Lage dieser Kirche aber ist noch immer nicht bekannt. Wenn man jedoch berücksichtigt, daß in diesem unruhigen Jahrhundert, das den Zusammenbruch der römischen Herrschaft brachte, sich überall die Städte in den Ebenen entvölkerten und die Bewohner aus Sicherheitsgründen wieder auf den Höhen wohnten wie schon in keltischer Zeit, so muß man diese Klosterkirche nicht unbedingt außerhalb der *heutigen* Stadt suchen. Zur Zeit, als Rupert nach Salzburg kam (696), war nur noch die Nonnbergterrasse besiedelt, und das

Arkosolgrab (sogenanntes »Märtyrergrab«) in der Maximuskapelle der Höhlenkirchen am Petersfriedhof,
Lithographie von Georg Pezolt, 1871

mag vielleicht auch schon in der Zeit Severins (um 470) so gewesen sein. Dann freilich könnte auch das Kloster, im Bezirk des heutigen Stifts St. Peter, als »in der Nähe der befestigten Stadt [oppidum]« befindlich beschrieben werden. Befestigen ließ sich damals wohl nur die Nonnbergterrasse, als »oppidum« kann also die Bergstadt auf dem Nonnberg, das »castrum superius« des 8. Jahrhunderts, gemeint sein.

Dieser Bericht des Eugippius ist bis heute der einzige Nachweis für ein frühchristliches Salzburg, eindeutig frühchristliche Bodenfunde wurden noch nicht gemacht. Ursache für diese Fundleere mag der Umstand sein, daß Salzburg nie Garnisonsstadt war, daß nie Soldaten in seinen Mauern wohnten, die meist als erste das junge Christentum bis an die Grenzen des Römerreichs verpflanzt hatten. Das Kloster (neben dem man sogar noch eine Gemeindekirche annehmen müßte), könnte hier von der höhergestellten romanischen Bevölkerung getragen worden sein, was für jene Jahrhunderte eine allgemeine Erscheinung wäre. Und schließlich sollte man die Möglichkeit in Betracht ziehen, daß sich Christen aus den unsicher gewordenen Donaugebieten in das geschützte Salzburg zurückgezogen hätten.

Wie lange dieses Kloster aus der Severinszeit bestanden hat, kann man heute noch nicht sagen. Als aber Rupert mehr als zweihundert Jahre später nach Salzburg kam, da fand er das Peterskloster (und die Martinskirche auf dem Nonnberg) bereits vor.

DER WANDERBISCHOF HRODPERTUS

Hrodpertus (Rupert), Bischof von Worms und aus der mächtigen Familie der Rupertiner stammend, stand sowohl mit den Merowingern als auch mit den Karolingern in verwandtschaftlicher Beziehung. Er verließ, gegen das strenge kanonische Recht, wahrscheinlich in den achtziger Jahren des 7. Jahrhunderts seinen Bischofsstuhl und zog an den Hof des Bayernherzogs Theodo nach Regensburg, wo er die Hofgesellschaft im christlichen Glauben unterwies. Dann brach er zu einer Reise nach Norikum auf, um einen geeigneten Ort für sein weiteres Wirken zu suchen. Donauabwärts fuhr er bis zum spätantiken Bischofssitz Lorch, der hart an der Grenze zum unruhigen Awarenreich lag, kehrte dort aber um und zog nach Seekirchen am Wallersee, wo er eine Kirche errichtete. Sein Aufenthalt am Wallersee war nur von kurzer Dauer: »Als er erfuhr, daß am Fluß Ivarus [Salzach] ein Ort Juvavum [Salzburg] gelegen sei, wo vor alters viele wundervolle Gebäude standen, die nun fast verfallen und mit Wald bedeckt wären, erbat er sich diesen Platz vom Herzog, um ihn zu roden und zu säubern.« Seine Ankunft in Salzburg fiel ins Jahr 696. Der Herzog schenkte ihm die Stadt und die obere Burg und stattete Ruperts Gründung reich mit Grundbesitz auch außerhalb Salzburgs, im Salzburggau, im Attergau und im Traungau aus. Zwanzig Salzpfannen in Reichenhall, Weinberge bei Regensburg und reiche Wald- und Almgebiete bildeten den Keim für Salzburgs später so umfangreiches Territorium.

Rupert gründete das Frauenkloster auf dem Nonnberg, als dessen erste Äbtissin er seine Nichte Erintrud einsetzte, die er 714/15 aus der Heimat, in die er kurzfristig zurückgekehrt war, mitgebracht hatte. Rupert war auch der Gründer der Maximilianszelle in Bischofshofen (711/12), wo er ein Oratorium und Zellen für Mönche erbaute. Für diese beiden Klöster sind in den Quellen exakte Begriffe der Gründungsterminologie überliefert, während Ruperts Verdienst um das Peterskloster nur mit den Worten »Reinigung, Erneuerung und Wiederherstellung« umschrieben wird. Daraus ergibt sich mit Bestimmtheit, daß Rupert am Fuß des Mönchsbergfelsens bereits eine Mönchsgemeinschaft vorgefunden haben muß. Er erneuerte nur deren Wohnungen und errichtete eine Kirche, die er dem hl. Petrus weihte. Die Anfänge der Erzabtei rücken damit in eine Zeit hinauf, die dem liturgischen Gründungsdatum (582) näher kommt.

Um 716 muß Rupert wiederum in seine Heimat, nach Worms, gezogen sein, denn in diesem Jahr wurde ein Bischof Martinian von Papst Gregor III. damit beauftragt, die bayerischen Kirchenverhältnisse zu regeln. Rupert, dessen Name in diesem Zusammenhang nicht vorkommt — er war tatsächlich auch nie Landes- oder Abtbischof von Salzburg —, muß zu diesem Zeitpunkt bereits wieder an seinem angestammten Sitz in Worms gewesen sein, wo er bald darauf verstarb.

Die Beweggründe für Ruperts Wirken in Salzburg sind noch völlig unklar, die Geschichtsforschung ist da auf bloße Vermutungen angewiesen. Weshalb hat Rupert seinen Bischofssitz Worms verlassen? Nach geltendem Kirchenrecht war ein Bischof zum Verbleib an seinem angestammten Sitz gezwungen. Es hat den Anschein, daß Rupert Worms auf Grund »politischer« Schwierigkeiten den Rücken gekehrt hat; es muß aber auch die Möglichkeit in Betracht gezogen werden, daß er nur ein Wanderbischof ohne festen Sitz war. Man kann vermuten, daß ihm der Bayernherzog Theodo nach germanischem Eigenkirchenrecht, das es ihm erlaubte, auf seinem Grund und Boden die geistlichen Würdenträger zu bestimmen, die Errichtung eines neuen Bistums im Osten des Reiches nahelegte. Ruperts erster Besuch galt denn auch Lorch-Lauriacum, dem alten spätantiken Bischofssitz. Hier wäre nach römisch-kanonischem Kirchenrecht die Neugründung eines Bistums durch Ordination eines Bischofs ohne rechtliche Schwierigkeiten möglich gewesen, die gefährlich nahe Lage zum Awarenreich mag aber davon abgehalten haben. Vielleicht waren Salzburgs geschützte Lage am Rand des Gebirges und das Restchristentum der Romanen des Salzburggaus, deren geistliches Zentrum das uralte Peterskloster gewesen zu sein scheint, ausschlaggebend für Ruperts Weg in diese Stadt. Die Bistumspläne Herzog Theodos aus den Jahren um 716 zerschlugen sich aus unbekannten Gründen; erst 739 sollte Winfrid-Bonifatius Salzburg zum Bistum erheben und Johannes zum ersten Bischof Salzburgs weihen.

Die Salzburger Kirche unter Rupert hatte den Charakter einer Mönchskirche, das alte Peterskloster war ihr religiöser Mittelpunkt. Getragen wurde sie von den einheimischen Romanen, römischer Landbevölkerung im Gebiet zwischen Salzburg und dem Paß Lueg, die im 5. Jahrhundert, nach dem Zusammenbruch der römischen Donaugrenze, das Land nicht verlassen hatten. Noch im 8. Jahrhundert führt die Mehrzahl der Petersmönche romanische Namen, diese Gruppe hebt sich ganz deutlich von der Minderheit mit bayerisch-germanischen Namen ab. Dieser Charakter einer Mönchskirche blieb Salzburg auch noch unter Virgil, erst Erzbischof Arn (Arno) schuf mit einem gut ausgebildeten Weltklerus jene Voraussetzungen, deren die Verwaltung eines jungen Erzbistums bedurfte. Auch der bayerische Herzog unterstrich die neue Bedeutung Salzburgs durch die Errichtung einer Pfalz, die bereits für das Jahr 702 angenommen werden kann. Der Herzogssohn Theotpert war hier Regent eines Teilherzogtums, sein Sohn Hucpert regierte in Salzburg bis 725. Der langobardische König Ansprand und sein Sohn Liutprand lebten bei Theotpert neun Jahre im Exil, man kann vermuten, daß sie diese Zeit in Salzburg verbracht haben.

Auf das Wirken Ruperts im Auftrag des Bayernherzogs geht jener Gegensatz zwischen Kloster und bischöflich-landesfürstlichem Verwaltungszentrum, zwischen »solitudo« und »mundus«, zurück, der die folgenden Jahrhunderte bestimmen, ja oft belasten sollte. Die alte mönchische Gemeinschaft war nicht dazu geschaffen, die »weltlichen« Aufgaben eines Bistums auszufüllen. Weltkleriker (Kanoniker) und Mönche lebten trotz unterschiedlicher Aufgaben noch fast dreihundert Jahre zusammen, bis es zur Trennung der Gemeinschaft, und, noch schmerzlicher, zur Trennung der Güter kam (987). Das Peterskloster blieb seinem mönchischen Ideal durch die Jahrhunderte treu, wohingegen Erzbischof und Kanoniker in »Weltlichkeit« — in Kämpfe mit Kaiser und Reich — verstrickt wurden. Das Domkloster der Kanoniker wurde 1514 aufgehoben, und 1803 gehörte die landesfürstliche Gewalt des Erzbischofs der Geschichte an. Seine Aufgabe war damit wiederum auf das Hirtenamt reduziert, wie zu jener Zeit, als das Salzburger Bistum gegründet wurde, um, neben der mönchischen Geistigkeit des Klosters, in einer landesweiten Kirche die Gemeinschaft der Christen zu führen.

ECCLESIA PETENA — AQUILEIA UND SALZBURG IN DEN »DUNKLEN« JAHRHUNDERTEN

Die Kirche (im Sinne eines Rechtstitels) von Petena — auch dieses Rätsel ist noch mit Salzburgs Frühgeschichte verbunden. Bevor wir über Virgil und Arn sprechen, soll das Problem der »Kirche [oder Stadt] Petena, die jetzt Salzburg genannt wird«, skizziert werden, auf das in den letzten Jahrzehnten die Schlinggewächse, welche die Rupertusfrage einst umstrickt haben, übergegangen sind; es führt uns wieder in die Zeit vor Rupert zurück.
In den Urkunden aus jenen Jahren, als Salzburg unter Arn zum Erzbistum erhoben wurde (798), wird einige Male der Name »Petena« als angeblich älteste Benennung für die Salzburger Kirche erwähnt. In den nächsten Jahrhunderten verschwindet diese Bezeichnung vollkommen aus den Urkunden. Erst im 16. Jahrhundert sollte sie von gelehrten Humanisten wieder »ausgegraben« werden.
Die Frage nach »Petena« ist mit dem Problem der »unkanonischen Gründung« des Salzburger Bistums verknüpft. Jede Bistumsgründung bedurfte eines alten Rechtstitels, der Ort mußte schon einmal (etwa in der christlichen Spätantike) Bischofssitz gewesen sein oder dieses Recht durch Übertragung des Rechtstitels von einem zugrunde gegangenen Bistum erhalten haben. Salzburg war zwar römisches Munizipium, nie aber norischer Bischofssitz gewesen. Herzog Theodo und Rupert hatten für ihre Gründung einen topographisch günstigen Ort gewählt, ein Rechtstitel für die geplante Bistumsgründung von 716 schien aber gefehlt zu haben. Die einfachste Erklärung für das rätselhafte »Petena« wäre die Übertragung des Rechtstitels des abgekommenen Bistums Petena in Istrien nach Salzburg, um auf dieser »kanonischen Basis« das Erzbistum unter Arn zu errichten. Andere Erklärungen sind namensgeschichtlicher Art, sie verbinden Petena-Salzburg mit dem römischen Bedaium am Chiemsee oder mit dem rupertinischen Seekirchen am Wallersee.
Vielleicht liegt die Lösung dieses Problems in einer sehr frühen Verbindung des alten istrischen Bistums Petena mit dem vorrupertinischen Peterskloster. Denn dieses Kloster, das Rupert bereits vorfand, hatte sich entweder aus der Zeit Severins erhalten oder muß von einem Wanderbischof gegründet, vielleicht auch nur erneuert worden sein.
Wir müssen nämlich mit Auswirkungen aquileischer Kirchenpolitik in unserem Raum rechnen; und es ist fast sicher, daß der Name Petena damit zusammenhängt. Im Jahr 579 tagte in Grado, dem 568 wegen seiner geschützten Insellage hierherverlegten »Nova-Aquileia«, eine Synode, an der auch ein Bischof Marcianus aus Petena in Istrien teilnahm. Ein anderer Marcianus (mit dem vorher genannten angeblich nicht identisch) wurde in diesen Jahren an vornehmer Stelle, neben dem Patriarchen Elias, in Sant'Eufemia, dem Dom von Grado, bestattet. Eine erst kürzlich (und nur mündlich) geäußerte Vermutung möchte den in Sant'Eufemia im Mausoleum des Elias bestatteten Marcianus mit unserem Raum in Verbindung bringen. Das ist tatsächlich eine bestechende Hypothese, besagt doch die Grabinschrift, daß er dreiundvierzig Jahre Bischof war und vierzig Jahre als Wanderbischof in der Fremde (auf Mission) verbracht hat. Nach dem Wortlaut der Inschrift scheint er in der Fremde verstorben zu sein, wurde aber im Jahr 578/79 an dieser ehrenvollen Stelle begraben. Seine Wanderschaft fiele demnach in die Jahre 538/39 bis 579. Sollte sich herausstellen, daß dieser Wanderbischof Marcianus (war sein heimatlicher Sitz Petena in Istrien?) den aquileischen Metropolitansprengel nördlich der Alpen bereiste, so wäre das Problem Petena gelöst. Damit hätte dann in Salzburg die Tradition entstehen können, daß es von einem Bischof aus Petena »gegründet« worden war. Für die Erhebung zum Erzbistum unter Arn war ein hohes Alter allein kein hinreichender Rechtstitel, auch mußte für die Frühzeit ein Bischof nachgewiesen werden; das aber könnte vielleicht jener Marcianus (aus Petena?) gewesen sein. Sobald die Erhebung zum Erzbistum gelang, verschwand diese alte Tradition wiederum aus den Urkunden. Aus verständlichen Gründen, hätte doch Aquileia sonst alte Ansprüche anmelden können. Tatsächlich entstand noch unter Arn ein Streit um die Metropolitangrenze zu Aquileia, den Karl der Große durch die Festlegung der Drau als Grenzfluß entschied.
Diese Theorie würde auch der Umstand stützen, daß die Kunst der Buchmalerei des 8. Jahrhunderts in Salzburg stark von spätantiken Handschriften beeinflußt ist, ja, daß für die Illustrationen des Cutbercht-Codex und des Codex Millenarius in Kremsmünster eine illuminierte Handschrift des 6. Jahrhunderts aus dem oberitalienisch-ravennatisch-aquileischen Raum als Vorlage angenommen werden muß. Außerdem fanden sich in Salzburg »Reste biblischer Bücher, die lange vor seiner [Ruperts] Zeit geschrieben wur-

den, zu seiner Zeit sich aber bereits in Salzburg befunden haben können ...« (Bernhard Bischoff; zum Beispiel ein Evangeliarfragment des 5. Jahrhunderts). Es ist verständlich, daß auch ein Wanderbischof seine Gründungen mit den nötigen liturgischen Büchern ausstatten mußte, die er aus seiner Heimat mitzubringen hatte.

Mit diesen Vermutungen befindet man sich bereits ganz in der Zeit des liturgischen Gründungsdatums von St. Peter (582). Es ist ja oft der Fall, daß die »historia liturgica« auch profan-historisch »richtige« Daten aufbewahrt, die aber später mit anderen Personen und Ereignissen vermischt werden. Für Salzburg war Rupert eine Art Fokus, auf den alle Traditionen bezogen wurden, die mit der Gründung zusammenhingen. Ruperts Zeit ist heute gesichert, das liturgische Gründungsdatum des Petersklosters damit aber nicht entwertet — aus einem anderen Blickwinkel erhält es neue, ungeahnte Bedeutung.

Welche Denkmäler aus dieser frühen Zeit haben sich in Salzburg erhalten? Wenn man den »Zweikammerbau« im Zentrum von St. Peter, der bei den Grabungen aufgedeckt wurde, erst der Rupertzeit zuweisen möchte, bleibt nur ein reliefierter Steinbalken, der heute in der Vorhalle der Peterskirche römischen Aschenkisten als Unterlage dient. Dieser Balken ist mit sehr roh reliefierten Spiralranken, die von einem dreiblättrigen Zentrum ausgehen, dekoriert. Dieser Rankentypus kommt erstmals in konstantinischer Zeit auf, von Mosaiken ist er, vor allem auch aus Aquileia, gut bekannt. Der sehr rohe, durch provinzielle Zwischenstufen gebrochene Salzburger Reflex dieses Typus gehört zweifellos der Spätantike an; eine Entstehung im 5. oder 6. Jahrhundert ist anzunehmen, die Zugehörigkeit zu einem christlichen Bau aber ist nicht nachzuweisen.

VIRGIL AUS IRLAND

Im vorrupertinischen Peterskloster haben sich möglicherweise Traditionen des spätantiken Christentums erhalten. Rupert, Bischof von Worms, erneuerte diese Gemeinschaft im Geiste der merowingisch-fränkischen Kirche, und nach seiner Rückkehr an den Rhein bereiste Winfrid-Bonifatius, ein vom Glaubenseifer besessener Angelsachse, im Dienste des päpstlichen Stuhls das Bayernland, um diese junge Kirche abermals, nach seinen »römischen« Vorstellungen, zu reformieren.

Bonifatius war ein Mann des präzisen Lateins; in der grammatikalisch korrekten Wiedergabe der priesterlichen Weiheformeln sah er eine Bedingung für die Wirksamkeit der Sakramente. Über das ihm unverständliche »bayerische« Latein eines einheimischen Priesters (beim Spenden der Taufe) entbrannte ein Streit, in dem der Ire Virgil zum Gegenspieler des Angelsachsen wurde. Der bayerische Priester, der lateinischen Sprache kaum mächtig, hatte die Taufe mit folgenden Worten gespendet: »Baptizo te in nomine patria et filia et spiritus sancti« (»Ich taufe dich im Namen Vaterland und Tochter und des Heiligen Geistes«). Der Papst entschied diese Auseinandersetzung gegen seinen Legaten Bonifatius; was dieser als Häresie auslege, sei wohl lediglich Unkenntnis der lateinischen Sprache gewesen. Nun erhob Bonifatius eine noch viel schwerer wiegende Anschuldigung gegen Virgil. Er behauptete nämlich, daß dieser eine verwerfliche Irrlehre verbreite, »von einer anderen Welt und anderen Menschen, die unter der Erde wären«. Dem Angelsachsen war anscheinend nur das Bild der Erde als einer Scheibe geläufig. Nach den Vorstellungen jener Zeit war diese Scheibe aber von einem Ozean umflossen. Die Behauptung der Existenz von »Antipoden«, von Menschen auf der anderen Seite der Erde, mußte bei einem solchen Weltbild in schweren Konflikt mit der Lehre der Kirche geraten, nach der Christus durch seinen Kreuzestod alle Menschen aus dem Stamm Adams erlöst hatte. Die auf der Unterseite der Erdscheibe könnten wegen des trennenden Ozeans ja nicht von Adam abstammen, folglich wären sie auch nicht durch Christus erlöst worden. Virgil wurde vom Papst aufgefordert, sich persönlich in Rom zu verantworten. Auch aus dieser bedrohlichen Situation ging er als Sieger hervor; er berief sich auf die Kugelgestalt der Erde und bewies damit die Herkunft aller Menschen, auch der Antipoden, aus Adams Stamm.

Römisches, gesetzestreues Advokatendenken und irische Gelehrsamkeit, in der antike Wissenschaft weiterlebte, gerieten in diesen beiden Männern aneinander. Bayern und möglicherweise auch Salzburg standen im Spannungsfeld dieser grundverschiedenen Weltanschauungen. Nach dem Franken Rupert sollte der Ire Virgil Salzburgs Kirche lenken, die Bonifatius nach römischen Vorstellungen eingerichtet hatte. Unter ihm und unter den bayerischen Agilolfingern wurde das Bistum Salzburg groß und bedeutend, mit dem Sturz dieser Dynastie aber verschwand auch das Andenken an den gelehrten Iren, und Salzburgs Entwicklung wurde durch Erzbischof Arn abermals in andere, neue Bahnen gelenkt. Schon die Frühzeit bot keine Gelegenheit für langsam wachsende Traditionen; bereits in seinen Anfängen war Salzburg Bühne für ganz unterschiedliche geistige Konzepte. Damals, im 8. Jahrhundert, wurde bereits der Keim gelegt für jene Lebenseinstellung der Salzburger, die es ihnen geraten sein läßt, durch »In-Deckung-Gehen« die Zeitläufe zu meistern. Ein Stimmungsbericht aus dem Jahr

Die Maximuskapelle der Höhlenkirchen am Petersfriedhof,
Kupferstich von 1661

1816, gut tausend Jahre später, beschreibt diese Haltung der Salzburger folgendermaßen: ». . . sie zeigen eine Art von Schüchternheit gegen jeden, der nicht eingeboren ist. Die Ursache mag wohl in den vielen Regierungsveränderungen, die in einer kurzen Zeit aufeinanderfolgten, zu suchen sein . . . Sie ziehen sich in ihre häuslichen Zirkel zurück, vermeiden alle politischen Gespräche . . .«

Wer war dieser mutige Ire, der durch seine Gelehrsamkeit sogar den päpstlichen Legaten in die Schranken wies? In den Jahren nach der Errichtung der vier bayerischen Bistümer Regensburg, Freising, Passau und Salzburg durch Bonifatius (739), »Damals, nämlich zur Zeit Odilos des Herzogs der Bayern, der Pippin, dem König der Franken unterworfen war, kam ein weiser und sehr gelehrter Mann (vir sapiens . . . et bene doctus) namens Virgil von der Insel Irland zum erwähnten König . . .« Es muß 743 gewesen sein, als Virgil mit einer Gruppe irischer Mönche an den Hof des Frankenkönigs kam. Ein Jahr später wirkte er bereits in Bayern (hier kam es zu dem Streit mit Bonifatius), und nach dem Tod des ersten Salzburger Bischofs Johannes (746/47) wurde Virgil Abt des Petersklosters. Zwei Jahre später, 749, ließ er sich zum Bischof weihen.

Virgils Herkunft ist noch nicht ganz geklärt. Sicher ist, daß er Mönch im Inselkloster Hy (Iona) vor der schottischen Westküste war, jener ersten Mönchsgemeinschaft, die der hl. Columban in Schottland gründete. Aber Virgil (irisch: Fergil) soll auch Abt eines berühmten mittelirischen Klosters gewesen sein. Die folgende Nachricht aus irischen Annalen: »Fergil, genannt der Geometer, Abt von Achaid Bó [Aghaboe], starb in Germanien im 30. Jahr seines Bistums«, stimmt mit seinem tatsächlichen Todesjahr 784 überein. Es gibt aber auch die Ansicht, wonach sich diese Quelle auf eine andere Person gleichen Namens beziehe.

In Irland, auch »Insel der Heiligen« genannt, hatte sich im Frühmittelalter blühendes monastisches Leben entwickelt. Hier wurde das geistige Erbe der Antike weiter gepflegt; viele Iren, die den Kontinent bereisten, waren »Gelehrte«, auch Virgil stand im Rang eines »Weisen«. Das Erdenleben galt den irischen Mönchen als ein Weg, an dessen Ende erst die wahre Heimat zu erreichen sei; daher war für sie die »Pilgerschaft für Christus« eine physische Realisierung der Heimatlosigkeit der Menschen auf Erden. Die irischen Mönche suchten asketische Erfüllung im Exil, in der Wanderschaft durch fremde Länder. Der Missionsgedanke stand dabei ganz im Hintergrund. Er ist erst eine Erscheinung karolingischen Reichsbewußtseins und hatte dort ganz handfeste politische Hintergründe. Es ist sehr bezeichnend, daß Bischof Virgil seinem Missionsauftrag bei den Slawen und Awaren nicht mit jenem Eifer und jenem Nachdruck nachkam, wie es den Agilolfingern (oder eher den Franken?) für ihre politischen Absichten notwendig erschien. Man hat sogar das Bonmot geäußert, daß in rupertinischer Zeit die fränkisch-bayerische Ostmission bis Bischofshofen gekommen sei, während im gleichen Zeitraum der Islam ganz Nordafrika und halb Spanien erobert habe.

Irische Pilgerreisen und Klostergründungen zielten nicht auf Gebietsgewinn und Massentaufen — Weltflucht und asketische Ideale, die Eroberung geistiger Territorien waren ihr Ziel. Dennoch sollte gerade Virgil durch sein Organisationstalent zum Begründer der reichen und hervorragend organisierten Salzburger Diözese werden. Unnachgiebig verfolgte er eine Eigenkirchenpolitik, die ihn oft genug in Konflikt mit dem Adel brachte, der, nach damaligem Brauch und germanischem Recht, auf eigenem Grund und Boden Eigenkirchen und »Familienklöster« zu gründen gewohnt war, um neben dem Seelenheil auch der Familienpolitik zu dienen. Solchen Gründungen verweigerte Virgil die Weihe, er setzte durch, daß er allein Priester und Klostervorsteher ernennen durfte und daß der Salzburger Bischof das anerkannte Oberhaupt aller kirchlichen Einrichtungen der Diözese war. Kurz nach seinem Tod zählte man in der Salzburger Kirchenprovinz, deren Westgrenze der Inn und deren Ost- und Südgrenze Mur und Drau bildeten, 67 bischöfliche Eigenkirchen und 11 bischöfliche Eigenklöster, wie Zell am See, Au und Gars am Inn, Elsenwang und Zell bei Kufstein. Selbstverständlich gab es daneben immer noch eine größere Zahl adeliger Eigenkirchen, doch war für diese der Bischof oberste geistliche Instanz. Dieser Zentralismus in der Verwaltung mußte zur Schwächung des bodenständigen Adels führen; hier schon ist jene starke Hand der geistlichen Oberhirten spürbar, die auch in den späteren Jahrhunderten das Entstehen adeliger Eigenklöster zu verhindern verstand. Oft genug sah sich der heimische Adel vor die Alternative gestellt, entweder in Opposition zum Bistum zu treten oder sich mit all seinem Besitz unter die Obhut der Kirche zu stellen; spätestens nach dem Aussterben einer Familie fielen dann alle ihre Besitzungen an die Salzburger Kirche. Diese Politik der »starken Hand«, die mit Virgil einsetzte, begründete die gewaltige territoriale Ausweitung des Bistums, die Jahrhunderte später, gemeinsam mit den weltlichen Rechten des Landesherrn, zur Ausbildung eines geistlichen Landesfürstentums führte.

Virgil organisierte die Salzburger Kirche wie ein gewaltiges »Monasterium« (die irischen Großklöster mit Hunderten von Mönchen mögen dazu Vorbild gewesen sein), in dem jedem einzelnen seine Aufgabe zugewiesen war. In diesem Zusammenhang ist interessant zu bemerken, daß Salzburg, im Gegensatz zu den drei anderen bayerischen Bistümern, noch lange nach Virgil »monasterium« genannt wurde. Die zahlreichen bischöflichen Eigenkirchen und die »Wirtschaftsklöster« auf dem Lande bildeten Stützpunkte in einem Verkehrsnetz, das das ganze Land erschloß. Kirchliche und wirtschaftliche Aufgaben gingen eine innige Verbindung ein — wo für eine Kirchensiedlung der Boden gerodet war, konnte auch das Christentum gedeihen. Diese hervorragende »Infrastruktur«, die Virgil während seines gut dreißigjährigen Wirkens in der Salzburger Diözese schuf, mag mit ein Grund für die Erhebung zum Erzbistum unter seinem Nachfolger Arn gewesen sein.

Virgil hatte beim Aufbau der Diözese in den bayerischen Herzögen, den Agilolfingern, mächtige Verbündete. Die großen Landschenkungen der Bayernherzöge trugen entscheidend dazu bei, daß Salzburg schon vor Arn das reichste und wirtschaftlich stärkste der bayerischen Bistümer war. Die Gründung dieses machtvollen Zentrums im Südosten des fränkischen Reichs hatte wohl auch konkrete politische Hintergründe. Die rückschauenden Berichte über die Salzburger Slawenmission (aus den Jahren um 870) lassen nach den Forschungen der letzten Jahre die wahren Ursachen ahnen. Das fränkische Reich hatte möglicherweise schon zu Beginn des 8. Jahrhunderts Interesse, das nördlich an die Langobarden angrenzende Gebiet (Kärnten und das südliche Pannonien), das awarischen und slawischen Stämmen unterstand, unter Kontrolle zu bekommen. Schon zu Beginn des 8. Jahrhunderts mögen vereinzelt Missionare in dieses Gebiet geschickt worden sein, ohne daß das rupertinische Salzburg damit befaßt worden wäre. Auch zu Anfang von Virgils Wirken in Salzburg gingen Priester in das Land südlich der Alpen, die anscheinend noch nicht direkt von Salzburg ausgesandt waren. Erst allmählich wurde die Karantanenmission dem virgilianischen Salzburg übertragen. Es ist wohl vor allem dem Sieg Tassilos III. über die Karantanen (772) zuzuschreiben, daß die politische Angliederung Karantaniens (Kärntens) an Bayern bei Virgils Tod bereits vollzogen war. Daß die Pläne weitreichender Natur waren, solcherart, daß die kriegerischen Awaren in dieses Befriedungswerk miteinbezogen werden sollten, belegt ein (alttürkischen Runen eng verwandtes) Alphabet, das in einer Virgil zugeschriebenen Schrift erhalten ist. Denn es würde gut mit unserer Vorstellung von diesem gelehrten Iren zusammengehen, daß er auch für die Mission in awarischem Gebiet das »erfindet«, was die Grundlage wirklichen gegenseitigen Verstehens bilden mußte: eine awarischer Sprache angemessene Schrift, um die Inhalte christlichen Glaubens »übersetzen« zu können. Dieses Instrument hatte Virgil mehr als hundert Jahre vor den Slawenaposteln Konstantin (Kyrill) und Methodios geschaffen. Der Grund dafür, weshalb es nicht angewandt wurde oder nicht jenen Durchbruch brachte, der die »Glagolica« des Methodios zur kirchenslawischen Schrift werden ließ, mag in der Haltung der römischen Kirche zu suchen sein, die es damals noch ablehnte, das Evangelium in der Landessprache zu verkünden. Jedenfalls ging im 9. Jahrhundert das salzburgische Missionsgebiet in Südpannonien (am Plattensee und am Unterlauf von Mur und Drau) vollkommen verloren ». . . als ein Grieche namens Methodius mit neu ersonnenen slawischen Buchstaben die lateinische Sprache und die Römische Lehre sowie die offizielle lateinische Schrift auf Sophistenart untergrub und dem gesamten Volk die Messen und Evangelien derer, die sie lateinisch feierten, verächtlich machte . . .« (aus der Bekehrungsgeschichte der Bayern und Karantanen).

Das literarische Werk, in dem sich das alttürkische Runenalphabet findet und auch jene Antipodenlehre, die Bonifatius so reizte, gibt vor, ein Auszug des Kirchenvaters Hieronymus aus dem Werk eines sagenhaften christlichen Geographen namens Aethikus Ister zu sein. Das ganze Opus wurde als frühmittelalterliche literarische »Fälschung« entlarvt, die gleichwohl auf antike kosmographische Traditionen zurückgeht. Der tatsächliche Verfasser soll aber Bischof Virgil sein. Seine Autorschaft läßt sich noch nicht beweisen, doch wird das Werk wohl in seinem Umkreis entstanden sein; man hat darin »hibernisches« Latein — typisch irische Wendungen — nachgewiesen. Auch ein Buch über Zahlen wird Virgil zugeschrieben, aber vielleicht hat man dabei nur an den Beinamen jenes Abtes Fergil gedacht, der auch der »Geometer« genannt wurde und der (nach neuesten Forschungen) mit unserem Bischof nicht mehr identisch sein soll.

Die politischen Absichten der Frankenkönige im Südosten des Reichs hat sich nach Mitte des 8. Jahrhunderts der Bayernherzog Tassilo III. zu eigen gemacht. Er aber wollte mit Hilfe der Slawen und Awaren *seine* Macht und seinen Einfluß vergrößern, ja, man sagt ihm sogar nach, daß er ein bayerisches Stammeskönigtum begründen wollte. Tassilo vermählte sich (um 765) mit Liutpirc, der Tochter des Langobardenkönigs Desiderius, am Höhepunkt seiner Macht stand er nach dem Sieg über die Karantanen 772. Damals wurde er als »neuer Konstantin«, als Bezwinger der Ungläubigen, gepriesen und stellte durch seine familiären Bindungen zu den Langobarden eine ernste Gefahr für seinen Vetter Karl den Großen dar. Sein jäher Sturz sollte bald darauf erfolgen. Wegen nicht geleisteter Waffenhilfe und Konspiration mit den Awaren wurde er 788 auf einem Reichstag zum Tod verurteilt und zu lebenslanger Klosterhaft begnadigt. Auch die Familienmitglieder beschlossen ihr Leben in Klöstern. Damit waren die Agilolfinger ausgelöscht.

Virgil von Salzburg hatte eng (wohl zu eng) mit Tassilo zusammengearbeitet; der gewaltige Dom — die damals größte Kathedrale nördlich der Alpen — war vielleicht als Krönungskirche und Grablege der bayerischen Könige bestimmt. Virgil erlebte zwar Tassilos Sturz nicht mehr, verfiel aber einer »damnatio memoriae«; der Auslöschung seines Andenkens. Nicht anders kann man es bezeichnen, wenn mit dem Tod dieses bedeutenden Mannes, der die Größe der Salzburger Diözese mitbegründet hatte, jede Erinnerung an ihn erlischt; sein Grab in der Südmauer des Doms ist bereits sechzig Jahre nach seinem Tod vergessen. Ohne Rücksicht darauf wurde eine Kapelle darüber gebaut. Sein Nachfolger Arn war ein treuer Gefolgsmann der fränkischen »Partei« — der Reichsidee Karls des Großen; der bayerische Stern war untergegangen und mit ihm das Andenken an Virgil, dessen Geistigkeit erst allmählich wiederentdeckt wird.

ERZBISCHOF ARN — SALZBURG WIRD METROPOLE

Arn (Arno) war Bayer und stand dem Kloster Saint Amand bei Elnon in Belgien als Abt vor, als er 785 Nachfolger von Virgil wurde. Wem er seine Bestellung zu verdanken hatte — Tassilo oder Karl dem Großen — kann nicht entschieden werden. Jedenfalls besaß er aus seiner Zeit in Saint Amand beste Beziehungen zum fränkischen Hof, vor allem zu Alkuin, dem Vorsteher der Hofschule Karls, dem er auch noch in seinen Salzburger Jahren freundschaftlich verbunden blieb. Ein reicher Briefwechsel zeugt von der Freundschaft der beiden (Alkuin nannte den schwarzhaarigen Arn liebevoll »aquila« — Adler). Zahlreiche Handschriften gelangten aus dem Zentrum des Karlsreichs nach Salzburg, um hier abgeschrieben zu werden. Unter Arn wuchs die Bibliothek um 150 Bände — eine gewaltige Anzahl, bedenkt man, daß auch für einen geübten Schreiber das Abschreiben eines Buches mehrere Monate in Anspruch nahm.

Bischof Arn überstand Tassilos Sturz 788 unbeschadet. Es hat den Anschein, als hätte Karl der Große in ihn größtes Vertrauen gesetzt. Es gibt verschiedene Gründe, die sogar die Vermutung haben aufkommen lassen, daß er Arns Abtgewalt die ins Kloster verbannten adeligen Damen aus der Agilolfingerdynastie unterstellte. In einem Salzburger Totenbuch wird nämlich einer Liutpirga und einer Cotani im Nonnenkloster von Saint Amand gedacht; die Identität mit Tassilos Gemahlin und Tassilos Tochter ist naheliegend, aber nicht erwiesen. Auch bediente Karl sich immer wieder des Salzburger Bischofs für diplomatische Missionen; so reiste Arn in seinem Auftrag oft durch das Reich und zum Papst nach Rom und fand daneben noch Zeit, die Aufbauarbeit Virgils in Salzburg zu Ende zu führen. Auch die Karantanenmission hat er fortgeführt, obgleich auch er an diese Aufgabe nicht mit Feuereifer ging; Alkuin mußte ihn ermahnen, seinen Hirtenpflichten in Kärnten nachzukommen.

Während eines Aufenthalts in Rom als »missus«, als Gesandter Karls, erhob ihn der Papst zum Erzbischof. Damit wurde Salzburg Metropole der bayerischen Kirche (798). Sechsunddreißig Jahre lang lenkte Arn die Salzburger Diözese, dreiundzwanzig davon als Erzbischof. Bis 808 war ihm außerdem noch die Leitung seines Klosters Saint Amand anvertraut. 821 starb er mit achtzig Jahren und wurde in der von ihm errichteten »Westkrypta« des Virgildoms bestattet. Erzbischof Arn hat den von Rupert und Virgil begonnenen Aufbau der Salzburger Kirche zum Abschluß gebracht und durch die Metropolitanwürde gekrönt. Die Agilolfinger und Karl der Große hatten das junge Bistum entscheidend gefördert, Salzburgs Aufstieg bedeutete eine Schwerpunktverlagerung Bayerns nach dem Südosten. Daß das ältere Zentrum Regensburg gegenüber Salzburg zurückstehen mußte, ist mehr als erstaunlich. Unter den Agilolfingern mag hiefür die Absicht, hier eine Königsresidenz zu gründen, maßgebend gewesen sein, für Karl hingegen war Salzburgs geographische Lage entscheidend, reichte die Salzburger Kirchenprovinz doch im frühen 9. Jahrhundert im Osten bis zum Plattensee und im Süden bis zur Drau. Die Draugrenze zwischen Aquileia und Salzburg wurde nach einem Schiedsspruch Karls gezogen, 811, nachdem Aquileia Salzburgs Slawenmission als »Störung« alter Rechte empfunden hatte.

DER VIRGILDOM, HEILIGE BÜCHER UND TASSILOS KELCH

Drei Männer — der adelige Franke Rupert, der gelehrte Ire Virgil und der gewiegte Taktiker Arn aus Bayern —, ein selbstbewußtes Herzogshaus und die Karolinger haben Salzburg aus bescheidenen Anfängen zu erstaunlicher Größe geführt. Der Reichtum der Diözese ist durch Ruperts Attribut, das Salzfaß, angesprochen, das Kirchenmodell, als Virgils Kennzeichen, deutet auf die Kunst dieser Jahre.

»Im Jahr 767 nach der Geburt des Herrn begann Virgil eine Kirche von wunderbarer Größe in Salzburg zu bauen«, so berichten Salzburger Annalen. 774, anläßlich der feierlichen Übertragung der Gebeine des hl. Rupert aus Worms (oder, nach anderen Quellen, aus dem Salzburger Peterskloster) in den neuerbauten Dom, wurde diese Kathedrale »von staunenswerter Größe« geweiht. Grabungen im Bereich des frühbarocken Doms haben den Grundriß dieses für damalige Zeiten gewaltigen Bauwerks wiedergewonnen; seine Länge betrug 66, die Breite 33 Meter. Über die Rekonstruktion des Aufrisses vermochte man sich noch nicht zu einigen. Weil bisher nur ein allzukleiner Bereich des Bauareals untersucht werden konnte, lassen die ergrabenen Befunde verschiedene Deutungsmöglichkeiten zu. Virgils Kathedrale mag eine Basilika gewesen sein, mit drei Schiffen und Säulen- oder Pfeilerarkaden und einer Apsis im Osten, deren »Kleeblattform« auf ihren »Memorialcharakter« (befand sich in der Krypta darunter das Grab Ruperts?) hinwies. Der bisher ergrabene Grundriß läßt sich aber auch ganz anders interpretieren: als Saal mit Apsis im Osten und mit weiträumigen Anbauten nördlich und südlich der Ostpartie (sogenannten Pastophorien). Diese Annexe wären bis zur Westfassade verlängert worden (um nach außen offene »Portiken« für herzogliche Grablegen zu gewinnen?), so daß der Verlauf der Grundmauern dem Basilikaschema zum Verwechseln ähnlich wird. Dieser schwierige Fragenkomplex kann vorläufig, ohne weitere Untersuchungen, nicht geklärt werden.

Zweifellos war Virgils Dom reich mit Malereien und Bauskulptur geschmückt. Die Größe der Kirche, die den Zeitgenossen geradezu als ein Wunder erschien, und ihr Schmuck, die kostbaren Textilien und die im Kerzenlicht schimmernden goldenen und edelsteinbesetzten liturgischen Geräte, mögen den damaligen Menschen eine Ahnung des Überirdischen gegeben haben.

Von goldglänzenden Malereien im Virgildom erfahren wir anläßlich des 1181 erfolgten Abbruchs der vierzehn Jahre zuvor zerstörten Kathedrale. Damals wurde Virgils Grab in der Südmauer wiederentdeckt, und bei dieser Gelegenheit fand man »uralte, goldene Malereien«. Sein gemaltes Bild trug die Umschrift »Virgil errichtete den Tempel in prächtiger Gestalt«.

Unter Erzbischof Arn wurde der neue »Kurs« der bayerischen Metropole, ihre jetzt enge Bindung an das fränkische Reich, auch durch Baumaßnahmen manifest. Arn fügte an den Virgildom einen »Westbau«, der ein virgilianisches Atrium ersetzt haben mag und dessen gewölbtes Untergeschoß Vorhalle, »Krypta« und Bestattungsort in einem war. Nur so wird man auch die Nachricht deuten können, daß er 821 in der von ihm erbauten »Krypta«, im Westen der Kathedrale, bestattet wurde. Die Worte seines Grabgedichts lauten: »Wanderer, der du fragst, wer diese Krypta gebauet, wisse, daß ich das Werk im Leben noch selber vollendet . . .«

Das Westwerk entwickelte sich in der karolingischen Baukunst zur neuen architektonischen Leitform. In seiner direkten und beherrschenden Verbindung mit dem eigentlichen Kirchenbau symbolisierte sich das Eigenkirchenrecht, die enge Verflechtung von Reich und Kirche, von Kaiser und Klerus — das Westwerk war der Bereich des obersten weltlichen Grundherrn, des Kaisers. Daraus wird verständlich, daß dieses architektonische Motiv seit der Zeit des Investiturstreits, des Kampfs zwischen Kaiser- und Papsttum um das Recht der Bischofseinsetzung, seine Bedeutung eingebüßt hat. Westwerke wurden danach nicht mehr errichtet, bestehende umgebaut. Der Dombau Erzbischof Konrads III. (ab 1181 errichtet) zeigt keinerlei »herrscherliche« architektonische Motive mehr, erst diese spätromanische Kathedrale ist *nur,* ist ausschließlich Metropolitankirche.

Salzburg stand freilich nur kurze Zeit in diesem intensiven »fränkischen« Spannungsfeld, seine abgelegene Lage im Südosten des Reichs ließ den kulturellen Einfluß des Kaiserhofs später nie mehr allzu bedeutend werden und hat seine territoriale Sonderentwicklung gefördert. Die Stadt war im 8. Jahrhundert wohl Residenz der Agilolfinger gewesen, und die Herzogspfalz an der »Porta«, dem heute noch begehbaren Durchgang neben der kleinen Michaelskirche, bildete ein Gegengewicht zur Bischofsburg um den Dom. Die bayerischen Herzöge residierten aber nur etwa neunzig Jahre in dieser Stadt, nach Tassilos Sturz verlor die Pfalz an Bedeutung. 1291 konnte gar Erzbischof Konrad IV. ungestraft die unter Barbarossa erneuerten Gebäude zerstören. Der »Romanische Keller« am Waagplatz ist ein heute noch erhaltener Raum dieser Pfalz Kaiser Friedrichs I.

Während der Dombezirk großartig ausgebaut wurde und die geistliche und weltliche Macht des Landesfürsten in repräsentativen Architekturen sinnfälligen Ausdruck fand, hat sich mit der kleinen Kirche St. Michael (der ehemaligen Pfalzkapelle) ein Zeugnis aus jener Zeit erhalten, in der der Salzburger Erzbischof noch nicht Landesherr war und ihm in der Pfalz die weltliche Macht gegenüberstand. Dieser »dörfliche«, kapellenartige Charakter von St. Michael ist aber auch ein Zeugnis dafür, daß die Repräsentanten der weltlichen Macht sich bald aus Salzburg zurückgezogen und der Kirche dieses Territorium überlassen haben; der Blick vom Mozartplatz hinüber zu Residenz und Dom läßt diese geschichtlichen Vorgänge ahnen.

Aus der Zeit Virgils und Arns sind außer dem Dom noch einige andere Gotteshäuser überliefert, so etwa eine Taufkirche (an der Stelle der heutigen Franziskanerkirche) und eine Erlöserkirche im Stadtteil jenseits der Brücke. Entscheidend für unsere Vorstellung vom frühmittelalterlichen Salzburg ist aber die Art der Verbauung des Areals zwischen Dom und Mönchsbergwand.

Die Höhlenkirchen im Felsen wurden schon von Virgil geweiht, das alte St.-Patrick-Patrozinium der St.-Gertrud-Kapelle zeugt davon. Wir kennen den Virgildom, nicht aber die »schöne Kirche« (die Petrus geweiht war), die Rupert nach der Erneuerung des Petersklosters errichten ließ. Auch haben wir keine Vorstellung von jener Bischofskirche, die für Johannes, den ersten Salzburger Bischof (739), unverzichtbar war. Ihre Grundmauern könnten aber noch in den Mauerzügen des Virgildoms verborgen sein. Obwohl der bei Grabungen in der Mitte der Klosterkirche St. Peter aufgefundene »Zweikammerbau« aus dem Frühmittelalter stammt und um diesen »Heiligen Ort« bedeutsam die spätere Kirche gebaut wurde, fällt es in der Tat schwer, in diesem kleinen Bau die »ecclesia formosa« des Rupert zu erkennen. Die Reste erinnern eher an ein Oratorium, an ein Turmhaus, wie es auch für die frühen Äbte von Montecassino überliefert ist. Die Wohnungen der Mönche, die Rupert erneuerte, sind aber zweifellos im Bereich von St. Peter zu suchen. Freilich sind von diesem frühen Kloster keine monumentalen Baureste zu erwarten — waren doch Holzbauten die Regel, allein die Kirche wurde wohl in Stein errichtet.

Unsere Vorstellungen von Ruperts Wirken in Salzburg sind immer noch stark von der hagiographischen Überlieferung geprägt; haben vielleicht erst diese späteren Legenden aus dem kleinen, turmartigen Oratorium im Zentrum der nachfolgenden Klosterkirche die »ecclesia formosa« gemacht? Das Gebiet am Mönchsbergfelsen diente anscheinend schon seit dem 6. Jahrhundert, seit der Bayerischen Landnahme, als Gräberfeld. Hier erbaute Bischof Arn eine »Kryptenkirche« und weihte sie dem Friedhofsheiligen Amandus, ihre Reste haben die Grabungen aufgedeckt. Sie bildete, zusammen mit dem »Zweikammerbau«, möglicherweise den Kern der späteren Klosterkirche. Aus diesen Jahren monumentalen Bauens in Salzburg, aus der Zeit Arns, ist im Kloster St. Peter ein mächtiges und schönes Marmorkapitell erhalten geblieben, dessen Körper von locker geflochtenen Bandranken eingesponnen wird. Die nächsten vergleichbaren Denkmäler mit solch »vegetabilischem« Flechtbanddekor sind im karolingischen Mailand zu finden.

Karolingisches Marmorkapitell in St. Peter

Eine sogenannte »Kirchenfamilie« (mit Dom und Taufkirche, Oratorien und Friedhofskirche) prägt das Stadtbild der frühen Jahrhunderte. Die Kanoniker am Dom wohnten im Domkloster, das am Kapitelplatz stand, und schon früh sonderten sich aus der nach einer columbanisch-benediktinischen Mischregel lebenden Gemeinschaft die Mönche ab, die am Friedhof beim Felsen ihr zurückgezogenes, dem claustralen Ideal gewidmetes Leben führten. Während die Kanoniker an der Domkirche die »weltlichen« Aufgaben des Bistums (wie Verwaltung und Seelsorge) wahrnahmen, widmeten sich die Mönche vor allem den kontemplativen Tätigkeiten. Die Herstellung der Bücher wurde von ihnen besorgt, auch mögen die liturgischen Geräte im Kloster verfertigt worden sein.

Man möchte erwarten, daß die künstlerische und kulturelle Entwicklung gerade im Kloster ungebrochen sich darstellt und lange wirkende Traditionen entstehen läßt. Doch verhält es sich gerade im Peterskloster merkwürdigerweise umgekehrt: Hier wurden immer wieder von außen fertige »Stile« übernommen. Am Schriftwesen läßt sich dieses »Ausgeliefertsein« an von auswärts kommende Traditionen besonders gut ablesen. Unter Virgil war ein stark von Saint Denis (bei Paris) beeinflußter, nüchterner, harter Schriftstil gebräuchlich, mit gelegentlichen irisch-angelsächsischen Eigenheiten. Der Episkopat Arns bedeutete für Salzburg »den erneuten Einbruch eines fertigen, an anderem Ort ausgebildeten Schriftwesens mitsamt seinen Traditionen des Buchschmucks« (Bernhard Bischoff). Arns Kloster Saint Amand war unvermittelt vorbildhaft für das Salzburger Schriftwesen geworden. Unter seinem Nachfolger Adalram (821—836) »erscheint in einem plötzlichen Einbruch [abermals] ein neuer Stil auf der Salzburger Bühne ... der nicht aus Salzburger Voraussetzungen erklärt werden kann« (Bernhard Bischoff). Diesmal wurde ein bedeutender Lehrer aus Mondsee berufen, der die »kalligraphischen« Schreibtraditionen dieses Klosters nach Salzburg verpflanzte. Es ist schon eigenartig, daß Anregung stets von außen kommen mußte. Andererseits bot Salzburg durch das Fehlen eines formalen Substrats, durch seine Traditionslosigkeit in gestalterischen Dingen (durch seine »Bodenlosigkeit«?), die Voraussetzung für die manchmal ganz besondere Blüte »fremder« künstlerischer Konzepte. Es gab eben hier für den »Import« keine Reibungsflächen durch ausgeprägte eigene künstlerische Traditionen. Dennoch läßt sich durch alle Wandlungen der Schrift hindurch ein Salzburger Stil erkennen, der nüchtern, trocken, hart, extrem formiert und fast »gerastert« wirkt. Die strenge, geordnete Geistigkeit, die aus diesem Schriftbild spricht, erhielt sich bis zum Niedergang der örtlichen Schriftkultur im 13. Jahrhundert.

Noch eine Eigenheit des frühen Salzburg soll nicht unerwähnt bleiben: sein Interesse für fremde Alphabete, fremde Schriften. Nirgends sonst haben sich so viele Beispiele erhalten: Griechisch, »alttürkische« Runen, Gotisch und eine Geheimschrift fanden das Interesse der karolingischen Schreiber. Sollte das ein Reflex auf die vielen fremden Einflüsse sein, die hier wirksam wurden, sollten diese Alphabete den Versuch darstellen, das »Fremde« zu bewältigen?

Auch die Buchmalerei zeigt ein heterogenes Bild. Während unter Virgil sich irisch-angelsächsische Ornamenttraditionen mit spätantiker Menschendarstellung vermischen und auf dem hellen Pergamentgrund die Evangelistenfiguren ins Lineare umgesetzt werden, die Ornamente hingegen körperliche Festigkeit annehmen (Cutbercht Codex), bringt Arn Traditionen der fränkischen Hofschule nach Salzburg. Die Monatsdarstellungen eines unter ihm illuminierten Codex folgen in ihrer »impressionistischen« Malweise ganz dem spätantiken Vorbild und lassen in ihrer Vitalität und Farbigkeit etwas von der Pracht und Fülle der Buchkunst der Hofschule ahnen.

Schreiben war für die Mönche asketische Übung, »das Herz [soll] so wie das Pergament von Schmutz und Rauheit gesäubert werden, damit die himmlische Schrift darauf guten Boden findet« (Hildebert von Lavardin) und ». . . der Teufel erleidet soviel Wunden, wie der Schreiber Worte des Herrn aufzeichnet« (Cassiodor).

Das Salzburger Skriptorium war in karolingischer Zeit

außerordentlich leistungsfähig, bis zu dreißig Schreiber (darunter aber viele Schüler) lassen sich nachweisen, etwas mehr als zehn davon dürften ausgebildete, versierte »scriptores« gewesen sein. Nach der Vermehrung des Bücherbestands unter Arn sollte allerdings bereits unter Erzbischof Liupram (836-859) das stetige Wachstum der Bibliothek ein Ende finden. Die Buchproduktion unter Arn erforderte eine reiche und gut organisierte wirtschaftliche Basis, bedenkt man, daß für das Pergament eines Codex doch zweihundert oder mehr Häute von Ziegen, Schafen oder Kälbern verbraucht wurden.

Über die Salzburger Goldschmiedekunst des Frühmittelalters sind wir weniger gut unterrichtet, dennoch werden drei der bedeutendsten frühmittelalterlichen Denkmäler dieser Gattung mit Salzburg verbunden: das Rupertuskreuz, der Tassilokelch und der sogenannte »Ältere Lindauer Buchdeckel«.

Das Rupertuskreuz (im Dommuseum) entstand in der ersten Hälfte des 8. Jahrhunderts in England. Man vermutet, daß es von Virgil nach Salzburg gebracht wurde. Dieses monumentale Kreuz aus getriebenem und vergoldetem Kupferblech (das Kupfer stammt aus südenglischen Lagerstätten) über einem Holzkern steht durch seine Schönheit und die Qualität der Reliefs in der Kunst dieser Frühzeit ganz einzigartig da. Ein »naturalistisch« gezeichneter Weinstock (als Symbol Christi) umrankt, streng symmetrisch, den Kreuzesstamm. Vierbeiner und Wasservögel beleben in heraldischen Paaren die Ranken, picken an Trauben und Knospen. In der naturalistischen Zeichnung der Tiere und Pflanzen offenbart sich mediterranes Formengut, nur die Seitenbleche mit den insularen Bandgeflechten und die gemmenartigen »Steine« aus Glasfluß verweisen auf den Norden als Entstehungsort.

Der Tassilokelch im Stift Kremsmünster wird ebenfalls mit dem Salzburger Kunstkreis in Verbindung gebracht. Seine Inschrift »Tassilo dux fortis — Liutpirc virga regalis« (Tassilo mächtiger Herzog — Liutpirc aus königlichem Geschlecht) läßt daran denken, daß er als Hochzeitskelch für die Verbindung des Bayernherzogs mit der Langobardenprinzessin Liutpirc gearbeitet wurde (um 765). Auch dieses außerordentliche Denkmal frühmittelalterlicher Kunstübung vereint in sich Elemente aus den verschiedensten Kulturkreisen. Bandgeflecht und Details der Bildmedaillons zeigen insulare Anklänge, die Ornamente des Nodus sind dem spätantiken Formenschatz entnommen, das Bildprogramm wurde als »griechisch« bezeichnet. Trotz der heterogenen Formtraditionen, die in diesem Werk zusammentrafen, entstand ein einheitliches, großartiges Gebilde, in dem »inmitten der ornamentalen Eigenbewegung der Zeichnung . . . die Medaillonfiguren erst zu Gestalten mit Blick und eigenem Wesen zu gerinnen [scheinen]« (Wilhelm Messerer).

Der Ältere Lindauer Buchdeckel in der Pierpont Morgan Library (New York), über dessen ganze Fläche sich ein großes Kreuz spannt, ist ähnlich dem Tassilokelch in den verschiedensten Techniken (Niello, Zellenschmelz, Kerbschnitt, Tauschierung, Almandineinlagen) mit Tierornamenten und Menschenbildern geschmückt. Die goldstrahlende Oberfläche des Deckels erhält zusätzlichen Glanz durch das Türkisgrün der Schmelzen und das Rot der Almandine. Darin kommt die hohe kultische Bedeutung, die dem Buch im frühen Mittelalter anhaftet, sinnfällig zum Ausdruck, enthält es doch für die Menschen die im heilsgeschichtlichen Sinn entscheidenden Worte — das Evangelium Jesu Christi.

Für all diese Meisterwerke hat man — allerdings nicht unwidersprochen — auch Salzburg als Entstehungsort vorgeschlagen. Zum einen war es der bedeutendste Bischofssitz im südostdeutschen Raum, und durch Virgil und seine irischen Mitbrüder waren die insularen Elemente leicht erklärt, zum andern befand sich hier ein Herzogssitz, und Tassilo scheint sich mit seinem Hofe wohl länger in Salzburg aufgehalten zu haben. Durch seine Verbindung mit Liutpirc mögen auch die oberitalienisch-langobardischen Elemente in der Salzburger Kunst erklärbar sein. Vor allem aber war es Salzburgs »Bühnencharakter«, der solche Leistungen ermöglichte: Salzburg bot den großen Rahmen für das Fremde und ordnete es, mit anderem, in neue »ornamentale« Zusammenhänge ein. Nicht die vollkommene Verschmelzung war das Ziel, es wurde vielmehr ein harmonisches Nebeneinander-Existieren heterogener Elemente angestrebt, ein versteckter Ordnungssinn, eine »Kunst des Arrangierens« lag dem zugrunde.

Bischof Virgil hat ein monumentales Schriftdenkmal hinterlassen, in dem auch »Ordnung«, in einem praktisch-liturgischen und in einem metaphysischen Sinn, sich dargestellt hat, das sogenannte Verbrüderungsbuch von St. Peter. Für die Fürbitten während der Messe wurden in dieses Buch die Namen aller jener Lebenden notiert, denen man besonders verbunden war, daneben standen die Namen der Toten, die im »Buch des wahren Lebens« verzeichnet waren. Das Verbrüderungsbuch war ein Abbild dieses himmlischen Lebensbuches, ein Bild der zeitüberschreitenden Gemeinschaft der Kirche. Es knüpfte ein Band zwischen den Lebenden einer bestimmten historischen Situation mit den Toten, den Patriarchen und Propheten des Alten Bundes und den Aposteln und Märtyrern des Neuen Bundes, den Königen und Herzögen, Bischöfen, Äbten,

Mönchen, Weltpriestern, Diakonen und den der Kirche nahestehenden Personen. Alle diese »Stände« sind vertreten durch lange Listen von Namen über Namen, geordnet zu je zwei Kolumnen, den Lebenden und den bereits Verstorbenen.

Dieses nach Maß und Ordnung angelegte Werk konnte nur für kurze Zeit der realen Situation entsprechen, denn sobald der Träger eines Namens starb, mußte er in die Reihe der Toten eingetragen werden, sein Name in der Reihe der Lebenden aber wurde gelöscht. Diese Schwierigkeiten führten durch die Fülle der Namen, Nachträge und Rasuren zu Konfusion und Unordnung. Die spätere Kirche ist denn auch dazu übergegangen, in Totenbüchern nur noch die Namen der Verstorbenen zu verzeichnen. Virgils Verbrüderungsbuch ordnet die zeitlose Gemeinschaft der Kirche, durch seinen Zeitbezug, das Verzeichnis der Lebenden, aber war die geordnete Fortführung zum Scheitern verurteilt.

Neben Salzburg gab es noch ein bedeutendes Kloster in diesem Raum, das Werke von höchstem künstlerischem Rang hervorbrachte, das war Mondsee. Die Kunst dieses Klosters zeichnet, im Gegensatz zu Salzburg, ein sehr ausgeprägter, individueller Zug aus, eine starke Kraft im Verarbeiten fremder Einflüsse, ihr wären Werke wie der Tassilokelch (der auch nach Mondsee lokalisiert worden war) — mit seinem harmonischen, doch auch »exotischen« Nebeneinander verschiedener Elemente — wohl fremd geblieben. Die Höhepunkte Salzburger Kunst in karolingischer Zeit waren bald überschritten, der Verlust des pannonischen Missionsgebiets durch Methodius (um 870) traf das Erzbistum schwer. Doch die bisher gelegten Grundfesten erwiesen sich als dauerhaft, in schweren Zeiten und unter schwachen Kirchenfürsten verlor das Erzbistum vielleicht an Glanz und Bedeutung, nicht aber fehlte es ihm an Kraft zur Erneuerung. Das 10. Jahrhundert brachte die Ungarnstürme; Erzbischof Theotmar fiel in der Schlacht vor Preßburg (907), in der die Bayern vernichtend geschlagen wurden. In diesen unsicheren Jahren suchten die Salzburger Erzbischöfe Zuflucht im Gebirge und errichteten um 926 in Zell am See ein großes Gotteshaus, das dem Erzbischof als »Exilkirche« dienen konnte. Unter dem Ansturm der Ungarn brach das bayerische Markensystem zusammen, Salzburg verlor jetzt auch sein slawisches Missionsgebiet. Die Aufbauarbeit nach der Vernichtung der Magyaren auf dem Lechfeld konnte nicht mit großzügiger kaiserlicher Unterstützung rechnen, das neue Herrscherhaus der Ottonen verlegte den Schwerpunkt seines Wirkens nach Sachsen. Nur eine innere Erneuerung konnte dem Erzbistum wiederum Bedeutung verschaffen.

Macht und Askese — Salzburgs Größe und seine blühende Klosterkultur

Das 10. Jahrhundert brachte in ganz Europa das Erstarken der asketischen Bewegung, Reformklöster, wie das burgundische Cluny und das lothringische Gorze, erneuerten das Mönchstum durch strenge Beobachtung der Regel des hl. Benedikt. Über Regensburg, das die Reform von Gorze schon bald übernahm, geriet auch Salzburg mit dieser Erneuerungsbewegung in Berührung. Neben der Strenge der Klosterzucht war die Sicherung des Klosterguts vor dem Zugriff von Laien und verweltlichten Bischöfen ein wesentlicher Teil dieser Reform. Die Rückkehr zur Einfachheit des Lebens und zu geregelter Ordnung stärkte auch die wirtschaftliche Kraft des Mönchstums; die Klöster wurden neben Königtum und Episkopat ein bestimmender Faktor im Reich.

In Salzburg waren die Mönche von Anbeginn eng mit dem Bistum verbunden, bis 987 ist der Bischof gleichzeitig auch Abt des Petersklosters gewesen. Diese Tradition leitete sich vom mönchischen Ursprung der Salzburger Kirche her. Mit den zunehmend weltlichen Aufgaben in der Diözese, der Seelsorge in den Pfarreien, der Verwaltung des umfangreichen Territoriums des Bistums, erwuchsen den Mönchen Aufgaben, denen sie nur unter Verleugnung ihrer kontemplativen Ideale nachkommen konnten. Eine Trennung der Gemeinschaften war unvermeidbar geworden. Im Jahr 987 war es soweit: Die Mönche von St. Peter unterwarfen sich der benediktinischen Ordensregel, trennten sich durch einen Rechtsakt vom Bistum und bekamen in Tito einen Abt, der allein dem reformierten Kloster vorstand. Mit der Herauslösung aus dem Bistumsverband war auch die Ausstattung mit Gütern und Rechten verbunden, die dem Kloster die wirtschaftliche Selbständigkeit sichern sollten. Diese machten aber nur einen Bruchteil dessen aus, was einst von hochherzigen Stiftern der Salzburger Mönchskirche geschenkt worden war. Das Kloster erhielt nur so viel, als zu seiner Existenz unbedingt erforderlich war. Diese geringe Güterausstattung aus dem ehemals gemeinsamen Besitz wurde in späteren Jahrhunderten zu einem immer wieder aufgegriffenen Streitpunkt zwischen Peterskloster und Domkapitel. Der Güterbesitz, der den Mönchen von St. Peter in den Jahren der Trennung als ausreichend erschien, um ihre asketischen Ideale zu verwirklichen, mußte in späteren Jahrhunderten, denen das strenge mönchische Leben nicht mehr alleiniger Inhalt war und in denen immer die feudale Hofhaltung des Erzbischofs vor Augen stand, als gar zu gering erscheinen. Das Begräbnisrecht, das wirtschaftlich von großer Bedeutung war, und das Recht des Konvents, bei Prozessionen direkt vor dem Landesfürsten zu gehen, konnte man immerhin gegen das Domkapitel durchsetzen. Dieses letztere Recht der »Präzedenz« sollte den Vorrang des Konvents vor dem Domkapitel, seine älteren Rechte, ausdrücken. Für eine Zeit, die in strengen und genau beobachteten Hierarchien dachte, war gerade dieses Vorgangsrecht Ausdruck einer durch Alter geheiligten Ordnung. Dieses Recht konnte das Domkapitel erst nach langen Prozessen im Jahr 1657 durch einen Tausch erwerben.

In den Jahren der Trennung der Mönche vom Bistum erhielten sie eine eigene, große Klosterkirche, deren Mauern bei Grabungen unter dem heutigen Bau gefunden wurden. Sie war nach dem Basilikaschema errichtet, dreischiffig und besaß im Osten eine Krypta. Diese erste Klosterkirche hat vielleicht die Amanduskirche Arns in ihrem Ostteil in umgebauter Form integriert. Der »Zweikammerbau« aus der Zeit Ruperts kam genau in die Mitte des Schiffes zu liegen. Ob er als eine architektonische »Reliquie«, als »Memorie« des Kirchengründers Rupert noch aufrecht stand oder abgetragen worden war, kann noch nicht entschieden werden. Jedenfalls verrät der Kirchengrundriß eine bedeutungsvolle, nicht zu übersehende Rücksichtnahme auf diesen »locus sacer«, diesen »Heiligen Ort«.

Erzbischof Hartwik (991-1023) hat den neuen Erfordernissen eines geregelten und gemeinsamen Chorgebets der Kanoniker am Dom durch die Errichtung eines großen, 27 Meter langen Chors Rechnung getragen, der an die Stelle der virgilianischen Apsis trat. Die Nachricht, daß er Altäre veränderte, scheint sich auf diese Erneuerung der Ostpartie des alten Doms zu beziehen. Erst Erzbischof Konrad I. (1106-1147) sollte hundert Jahre später der ehrwürdigen Kathedrale »überaus hohe« Westtürme anfügen. Bis zur Katastrophe von 1167, als angeblich Kaiser Friedrich I. Barbarossa die Stadt wegen ihrer Papsttreue anzünden ließ, stand also das alte Münster, dessen Schiff auf Virgil zurückging, dessen Westbau Arn errichten hatte lassen und dessen langer Chor, den neuen liturgischen Anforderungen entsprechend, unter Hartwik angebaut worden war.

Die Baugeschichte des alten Münsters kann auch in Analogie zur Entwicklung des Salzburger Bistums gesehen werden. Virgil hat die »Fundamente« gelegt, die in der Krypta die Gebeine des Gründers Rupert bargen. Seine Kathedrale bestimmte durch ihre Breite und die Länge von Atrium und Schiff alle späteren Veränderungen bis zur Zerstörung dieses in Jahrhunderten gewachsenen Komplexes. Durch vierhundert Jahre haben seine Nachfolger nur angefügt, nur erweitert. Ähnlich verlief die Entwicklung des Bistums: der Grund war schon in karolingischer Zeit gelegt, die späteren Jahrhunderte haben durch Erwerbungen und Schenkungen das Kernland nur vergrößert und arrondiert. Auch die alten Machtstrukturen, nach denen der Kaiser oberster Grundherr war, der im Einvernehmen mit dem Papst Bistümer errichtete, blieben am alten Dom in der Verbindung von Westbau und Kirche bis ins 12. Jahrhundert manifest. Erst als der Salzburger Erzbischof sich auf dem Höhepunkt des Investiturstreits endgültig auf die Seite des Papstes stellte und durch die Zerstörung des alten Münsters (durch einen Brand, den angeblich die Grafen von Plain im Auftrag Friedrich Barbarossas gelegt hatten), wie in einem symbolischen Akt die alte Einheit von Kaiser und Kirche in Trümmer sank, war auch das Ende alter Baugedanken gekommen. Der Neubau, mit dem unter Erzbischof Konrad III. (1177–1183) begonnen wurde, symbolisierte durch seine vielen Türme und Kuppeln eine »Himmelsburg«, die »Himmelsstadt«. Die Metropolitankirche war nun ausschließlich geistliches und liturgisches Zentrum des Erzbistums, das in dieser Epoche zu einem selbständigen Territorium, zu einem eigenen Landesfürstentum werden sollte. Schon unter Erzbischof Hartwik erhielt Salzburg das Recht der Münzprägung, das Marktrecht und die Gerichtsbarkeit; bereits im 10. Jahrhundert finden sich die Anfänge einer allmählichen Verwandlung des mittelalterlichen Personenverbandsstaats zum institutionellen Flächenstaat der Neuzeit. Die harten Jahre des Investiturstreits seit Erzbischof Gebhart (1060–1088), der einer der wichtigsten Vorkämpfer der päpstlichen Partei war, haben die Verwandlung des Erzbistums zum späteren Landesfürstentum nur gefördert. Zum Schutz gegen die kaiserliche Macht wurden die Festungen Hohensalzburg, Hohenwerfen und Friesach ausgebaut, die Landesgrenzen befestigt und die Verkehrsverbindungen verbessert. Das Erzbistum entwickelte sich zu einem wehrhaften Kleinstaat.

Das Wiederaufleben einer starken asketischen Bewegung nach dem Vorbild der Reformen von Gorze hat natürlich zu einer Blüte der Schreibkultur in den Klöstern geführt. Nach dem Neubau der Klosterkirchen (auch Nonnberg war um 1000 neu errichtet worden) wurden die liturgischen Bücher neu geschrieben und mit Malereien überreich geschmückt. Ihr Stil folgt den Traditionen, die in jenen Klöstern gepflogen wurden, aus denen man die Reformen übernahm. St. Emmeram in Regensburg spielte die bedeutendste Rolle bei der Vermittlung des neuen ottonischen Stils, später trat noch das Kloster Prüfening hinzu.

Über Regensburg wurde auch jener in Salzburg so starke »Byzantinismus« der Buchmalereien vermittelt, der immer wieder Anlaß gegeben hat, direkte Verbindungen nach Byzanz (über Venedig etwa) anzunehmen. In der zweiten Hälfte des 11. Jahrhunderts entstand im Peterskloster eine Reihe von Handschriften, die kostbar mit Malereien ausgeschmückt sind. Der namentlich bekannte »Custos Perhtold« hat eine dieser Handschriften signiert. Diese Miniaturen sind reich mit Blattgold hinterlegt und von architektonischen Motiven, wie Säulen, Mauern, Zinnen und Bögen, gerahmt, die den Szenen aus dem Leben Jesu die Festigkeit und Wahrheit gebauter Architektur verleihen. In diesen Malereien offenbart sich der »Byzantinismus« in der hieratischen Strenge und Geschlossenheit der Figuren, ihrem ruhigen Dasein ohne Hast und Bewegung. Etwa siebzig Jahre später, in den vierziger Jahren des 12. Jahrhunderts, entsteht die sogenannte »Walther-Bibel« (heute im Kloster Michaelbeuern), deren Bilder das Geschehen aus dem Alten und Neuen Testament erzählen, wobei manche Gemütsbewegung anekdotenhaft wirkt. Den Höhepunkt der Buchmalerei des 12. Jahrhunderts markiert um 1160 das Antiphonar von St. Peter (Österreichische Nationalbibliothek, Wien). Überreich mit Miniaturen in Blattgold, in schweren, prunkenden Farben und mit Federzeichnungen geschmückt, zeugt es von der Hochblüte des Salzburger Skriptoriums am Vorabend der Katastrophe, die 1167 über die Stadt hereinbrechen sollte.

Die Wandmalerei folgte in diesem Jahrhundert gleichfalls byzantinischen Vorbildern: Die Fresken unter dem Nonnenchor in der Klosterkirche Nonnberg (um 1150), die verschiedene Heilige, in Bogennischen stehend, zeigen, geben eine Vorstellung von der ursprünglichen malerischen Ausstattung der Salzburger Kirchen.

Auch die Goldschmiedekunst vollbrachte in den Jahrzehnten um die Mitte des 12. Jahrhunderts höchste künstlerische Leistungen. Der »Ministerialenkelch« aus dem Stift St. Peter (heute im Kunsthistorischen Museum, Wien) ist ein kunstvolles Gebilde aus vergoldetem Silber, Bergkristall, Niello und Edelsteinen, dessen Cuppa von zwölf aus der Wandung reliefartig getriebenen Prophetenfiguren getragen wird. Um den Mundsaum läuft ein ornamentales Schriftband in kufischen Lettern, das in Arabisch den Ruf »Die Herrschaft ist Gottes« wiederholt.

Neben den Mönchen von St. Peter gab es schon seit der Frühzeit der Salzburger Kirche die Kanoniker am Dom, die gleichfalls ein gemeinschaftliches Leben führten und zweifellos auch ein Skriptorium besaßen. Aus den Jahren nach der Trennung von den Mönchen wissen wir darüber nicht viel, erst im 12. Jahrhundert tritt diese Schreibschule des Domstifts deutlicher vor unser Auge. 1122 hat Erzbischof Konrad I. im Domkapitel die Regel des hl. Augustinus eingeführt und mit dieser Verschärfung des kanonischen Lebens auch den Anstoß für ein leistungsfähiges Skriptorium gegeben. Diese Schreibschule der Augustinerchorherren ist erst in den letzten Jahren bekannt geworden. Sie konnte nicht wie das Peterskloster auf eine ältere Tradition sich stützen und mußte Anregungen von außen aufnehmen. Dieser Neubeginn brachte es mit sich, daß im Domstift die jüngsten monastischen Reformen von Hirsau und Klosterrath wirksam wurden und daß die »modernsten« geistigen Strömungen im Handschriftenbestand der Domstiftsbibliothek ihren Niederschlag fanden. Erzbischof Eberhard I. (1147–1164) war Mönch in Prüfening und Abt von Biburg gewesen und hatte mehrere Jahre in Paris studiert. Die Federzeichnungen des unter ihm um 1150 angelegten Totenbuchs zeigen einen »modernen« Zeichenstil, dessen Vorbilder in Paris, im Umkreis der jungen monastischen Reformbewegung der Zisterzienser, zu finden sind.

Eine Gegenüberstellung der Schreib- und Zeichenstile des Dom- und des Peterskloster würde die Verschiedenheit der geistigen Welten der beiden Klöster aufzeigen können. Das Domstift, mit Seelsorge und weltlichen Aufgaben betraut, reagierte sensibler auf Neuerungen, seine »Handschrift« ist unruhiger, nicht verfestigt, aufgeschlossener. Die Schrift des Peterskloster ist hieratischer, feierlicher und regelmäßiger und stellt sich als Äquivalent seines byzantinischen Malstils in Gold und Deckfarben dar. Zu diesen beiden »Schulen« tritt im 12. Jahrhundert noch das Stift Nonnberg mit einer eigenen Buchproduktion. Domstift und St. Peter mögen auch ihre eigenen Wandmaler gehabt haben, die in Chiemsee, Salzburg, Friesach, Lambach und Pürgg arbeiteten. Den Anteil der beiden Salzburger »Schulen« an diesen Freskenausstattungen zu scheiden, ihren Einfluß auf die Skriptorien der anderen Klöster und Suffraganbistümer zu untersuchen, sind Aufgaben, deren Notwendigkeit erst in den letzten Jahren erkannt wurde.

Als am Dom durch die Einführung der Regel des hl. Augustinus ein Neubau des Domklosters (am Kapitelplatz) erforderlich wurde, sah man auch in St. Peter die Zeit für neue Klosterbauten gekommen. Abt Balderich (1125–1147) ließ in den Jahren 1130–1143 jene Klosterkirche errichten, die in wesentlichen Teilen heute noch erhalten ist. In dem Bereich der Stiftskirche, der den Laien zugänglich war (vor dem ehemaligen Kreuzaltar), gliedert sogenannter sächsischer Stützenwechsel (ein Pfeiler, zwei Säulen abwechselnd) die Joche, östlich davon, im Mönchschor, finden wir Pfeilerstellungen. In der Kirchenmitte stand der Kreuzaltar, dahinter, auf einem durch Säulchen getragenen Einbau (der sogenannten »Krypta«), befand sich der Ambo, die Kanzel. Von der Ausmalung sind noch Partien an den Hochschiffwänden, an den Säulen und in den Seitenschiffen vorhanden. Die Balderichbasilika besaß eine hölzerne Flachdecke, die Obergadenfenster lagen etwas tiefer als heute.

Das spätromanische Kirchenportal ist in dem Zustand, wie wir es heute sehen, das Ergebnis mehrfacher Umbauten. Tympanon und Türsturz stammen aus der zweiten Hälfte des 12. Jahrhunderts, das Gewände wurde erst gegen 1244 in der gegenwärtigen Form ausgeführt.

St. Peter ist jener Bereich in Salzburg, wo man die mittelalterliche Geschichte dieser Siedlung noch nacherleben kann. Fels und Friedhof führen uns zu den christlichen Anfängen, in den Höhlenkirchen des Mönchsbergfelsens kann man dem mönchischen Ursprung Salzburgs nachgehen. Freilich stellen sich auch diese Höhlenkirchen heute in veränderter Form dar. Bis ins 12. Jahrhundert lagen sie mehr oder weniger offen in der Felswand, die Höhle der Ägidiuskapelle wurde erst 1170, zusammen mit der sogenannten »Wohnhöhle« des hl. Rupert, durch die Mauern der Kreuzkapelle gefaßt. Auch die Gertrauden- und die Maximuskapelle scheinen erst 1178, als die Gertraudenkapelle durch Erzbischof Konrad III. das Patrozinium des acht Jahre zuvor ermordeten Thomas Becket erhielt, durch Korridore, Treppen und Vorbauten architektonisch zusammengefaßt worden zu sein.

Abt Balderich war, in Zusammenarbeit mit dem Domkapitel, das später die Bauleitung übernahm, auch Anreger eines erstaunlichen technischen Denkmals — des Durchstichs durch den Mönchsberg, der dazu unternommen wurde, das Wasser der Alm in die Stadt zu leiten. Verläßt man den Petersfriedhof in Richtung Kapitelplatz, hört man plötzlich starkes Wasserrauschen: Hier schießt der Almkanal aus dem Berg. 1136 wurde der »artifex« Albert (ein Baumeister?) beauftragt, den Stollen anzulegen. Es ist möglich, daß eine Handschrift dieser Jahre, die sich in St. Peter befindet und die unter anderem auch eine »praktische Geometrie«, eine »Feldmeßkunst«, enthält (der mittelalterliche Abschreiber sieht in Gerbert von Aurillac den Autor, tatsächlich aber geht sie auf antike Feldmesser zurück), mit diesem Bau und den dazu notwendigen Vermessungen in Verbindung steht.

Es ist sogar wahrscheinlich, daß die Vorlage dieser Abschrift aus Anlaß der bevorstehenden Baumaßnahmen angeschafft wurde. Meister Albert, dessen Frischwasserkanal zu den bedeutendsten Ingenieurleistungen des 12. Jahrhunderts gerechnet werden muß, trat später als Laienbruder ins Domkapitel ein, er könnte die Vorlage mitgebracht haben.

Von den heute noch erhaltenen Denkmälern des 12. Jahrhunderts sollen noch das Tympanon des Südportals der Franziskanerkirche und das der Nonnberger Kirche erwähnt werden. Beide stehen heute nicht mehr im ursprünglichen Zusammenhang. Das Nonnberger Relief wurde im Kirchenportal des 15. Jahrhunderts wiederverwendet, das Tympanon der Franziskanerkirche hat gar einen zweifachen Umbau des Portals mitgemacht (in der ersten Hälfte des 13. und im 15. Jahrhundert).

Das 12. Jahrhundert brachte für Salzburg nach den Jahren unter Virgil und Arn die zweite große künstlerische und kulturelle Blüte: Baumaßnahmen und Neuausstattungen in fast allen Kirchen, Höhepunkte der Goldschmiedekunst und monumentale Zeugnisse der Schreibschulen und Buchmaler. Diesem Höhepunkt folgte im Jahr 1167 die Katastrophe: Ein verheerender Großbrand legte fast alle Kirchen und Klöster in Schutt und Asche. Es verbrannten der Dom, die zwei Domklöster, die Marienkirche (heute Franziskanerkirche), die Michaelskirche, die Taufkapelle des Doms, die Jakobskapelle beim Domfriedhof und die Salvatorkirche am rechten Salzachufer. Auch die Schäden an der Bürgerstadt müssen beträchtlich gewesen sein. Nur das Petersloster scheint keinen Schaden genommen zu haben. Da am Reichstag in Laufen 1166 über Salzburg die Reichsacht verhängt worden war und vor allem die Grafen von Plain in der Folgezeit das Bistum arg bedrängten, hat man sie für die Legung dieses Großbrands verantwortlich gemacht.

Erst unter Konrad III. (1177—1183) wurde 1181 mit dem Domneubau begonnen, bis dahin war der alte Bau vierzehn Jahre lang als Ruine gestanden. Das war jenes Jahr, in dem Nikolaus von Verdun im Stift Klosterneuburg seine Ambo-Verkleidung (»Verduner Altar«) vollendete.

Wir haben schon erwähnt, daß man beim Abbruch des alten Doms Virgils Grab in der Südmauer wiederentdeckte. Dieser Fund verursachte größtes Aufsehen; am Grab ereigneten sich Wunder. Virgils Lebensgeschichte schrieb man auf Grund alter Aufzeichnungen, der Heiligsprechungsprozeß konnte eingeleitet werden. Diese unvermittelt auflebende Verehrung für diesen Salzburger Bischof kam dem Dombau sehr zugute: durch Sammlungen und Schenkungen konnten für den Neubau erhebliche finanzielle Mittel aufgebracht werden. 1233 wurde Virgil heiliggesprochen und stieg neben Rupert zum Landesheiligen auf.

Seine sterblichen Überreste hat man 1288 aus dem Grab erhoben und auf einen Altar übertragen. 1315 erhielt Virgil durch Erzbischof Wichard ein neues Hochgrab, dessen Inschriftenplatte in der Franziskanerkirche noch erhalten ist (an der Westwand des Südschiffs). Bis 1599 stand dieses Hochgrab im Dom, beim Abbruch des Münsters wurde es geöffnet. Wolf Dietrichs Biograph Johann Stainhauser berichtet dazu folgendes: »Anno Domini 1599, den 18. Tag January, hat man in Abbrechen sanct Virgily Althar in gemelter Thuembkirchen ain stainen Sarch und darinnen ain kupferen und wider darinnen ain zinen Sarch gefunden, in welchem sanct Virgily Heilthum mit sambt ainer gulten Püchsen und etlichen pergamenten Briefen, darinnen man die Schrift kaumb hat kinen verstehen und zu lesen gewest, welches Erzbischoff Wolf Dietrich verpetschiert und in Verwahrung genommen hat.« Erst 1606 ließ dann Wolf Dietrich die Reliquien formlos in die Sakristei der Franziskanerkirche bringen. Markus Sittikus veranstaltete 1612 eine feierliche Translation auf den Hochaltar dieser Kirche, 1628, bei der Weihe des frühbarocken Doms, wurden sie nach langer Irrfahrt in einem silberbeschlagenen Ebenholzschrein endgültig in die Mensa des Hochaltars gebettet.

DER DOMBAU KONRADS III.

Konrad III. von Wittelsbach (1177—1183), der erste Kardinal auf dem Salzburger Bischofssitz, war vor seiner Wahl Erzbischof von Mainz und Reichskanzler gewesen. Er verpflanzte Baugedanken der rheinischen Kaiserdome nach Salzburg. Der unter ihm begonnene Neubau (nur die Westtürme hatte man vom Vorgänger übernommen) übertraf den alten Dom durch die Massierung der architektonischen Motive (wie Türme und Kuppeln im Ostteil) und durch die Fünfzahl der Schiffe. Diese Kathedrale maß 110 Meter in der Länge, die Breite betrug um die 50 Meter, die Gewölbe des Mittelschiffs schlossen sich erst in knapp 30 Meter Höhe; für den Vierungsturm wurde gar eine Höhe von 49 Metern errechnet. Ein wesentliches Kennzeichen des spätromanischen Münsters waren seine in die Höhe strebenden Baumassen. Strebepfeiler (wie bei Bauten der Gotik) waren notwendig, um den Schub des hoch über dem Kirchenpflaster sich spannenden Gewölbes abzufangen. Die Fünfschiffigkeit, normalerweise nur römischen Kirchen vorbehalten, bot Anlaß für kontroverse Deutungen. Für die Interpretation dieses durch Grabungen erschlossenen Grundrisses muß auch der rekonstruierte Aufriß in Betracht gezogen werden. Dabei erweist sich das äußere, nördliche Seiten-

Salzburg um 1460, Holzschnitt von Michael Wolgemut, Nürnberg 1493

schiff als »Kapellenschiff«, das keine Verbindung in den Ostteil, ins Querhaus, besaß, sondern am erhöhten Querhaus (wegen der darunter befindlichen Krypta) in einer Apsis endete. Das südliche (äußere) Seitenschiff war anscheinend vom Kirchenraum abgetrennt und diente als nördlicher Arm des Kreuzganges am Domkloster. Um 1200 wurde dieser Neubau geweiht; abgesehen von kleineren Zubauten in gotischer Zeit blieb er bis zu Erzbischof Wolf Dietrich unverändert.

Dieser »Höhendrang«, dieses Aufsteigen der Baumassen, die in mächtigen Türmen gipfeln, ist das erste Anzeichen einer neuen Baugesinnung, die erst in schwindelnden Höhen Erfüllung ihrer Intentionen findet.

1223 wurde die neue Franziskanerkirche geweiht, das Langhaus dieses Baus ist noch erhalten. Die Spitzbogen der Arkaden verraten bereits gotische Formgedanken, wenn auch der Gesamteindruck durchaus noch »romanisch« ist. In Salzburg hat man diesen neuen Stil nur zögernd angenommen. Allein in den Kapitellen (der Seitenschiffe) zeigen sich die neuen Wachstumskräfte, die hier noch nicht in Naturformen, sondern in pflanzlichen Gebilden, die nur symbolhaft »Wachsen« verkörpern, zur Form finden. Knospen und »Schoten« brechen auf, Pflanzenstengel drängen durch Laubwerk und rollen sich ein, sogar gefiedertes Getier belebt die aus den Kapitellen sprossenden Blattstauden.

Das 13. Jahrhundert brachte auch den Umbau der alten romanischen Portale. In St. Peter wurde 1244 für das alte Tympanon und den Türsturz ein neues und höheres Trichtergewände errichtet, dessen Formen kantiger, gegliederter sind. Runddienste wechseln ab mit achtkantigen Pfeilerchen; sie spalten sich in den Kapitellen nochmals in Stengel und Blättchen auf. Die geschlossenen romanischen Formen weichen jetzt einer Durchgliederung und Sonderung, pflanzenhafte Kräfte des Wachsens werden frei und konkretisieren sich im Blattgekräusel der Kapitelle. Die alten »spirituellen«, stereometrischen und »naturfernen« Formen wandeln sich, werden umgedeutet nach dem Vorbild der Natur, die man in diesem Jahrhundert allmählich zu entdecken beginnt.

Im hohen Mittelalter las man nicht im »Buch der Natur«, sondern man las das Buch anstelle der Natur, man studierte nicht die Welt, sondern Plato und Aristoteles, nicht den Himmel, sondern Ptolemäus. Gegenstand des Wissens war nicht der Mensch, sondern das, was in bestimmten Büchern über Mensch und Welt geschrieben stand. »Zwischen dem Denken und den Dingen erhob sich, wie eine immer dichtere und undurchdringlichere Mauer, der Berg der Texte, der Kommentare, der Kommentare zu den Kommentaren« (Eugenio Garin). Das Ringen um Naturerkenntnis durch Beobachtung und Experiment sollte zwar erst in der Renaissance zum Durchbruch kommen, die Anfänge dazu lagen aber schon im 13. Jahrhundert.

Jetzt machte sich auch die Kultur von den Klöstern unabhängig, die Klosterschulen verloren ihre Bedeutung, die

Kathedralschulen mit ihren den neuen Strömungen aufgeschlossenen Lehrern, die (auch hier in Salzburg) weitgereiste, gelehrte Dominikaner waren, übernahmen die führende Rolle; denn »Aufgabe des Mönchs war es nicht, zu lehren, sondern zu trauern«.
Die Weltkleriker, die im Domkloster lebten und in der Domschule lehrten, brachten ein neues Denken in die Enge der Stadt. An den Universitäten von Padua, Paris und Bologna hatten sie eine profunde Ausbildung erhalten. »In Rechtsstreitigkeiten wappnet Bologna die Wehrlosen mit der Macht der Gesetze, Paris verteilt in den Künsten jene Speise, mit der sie die Starken speist«, lautet eine alte Einschätzung dieser neuen Bildungsstätten.

DIE MACHT DER RATIO

Erzbischof Eberhard II. (1200—1246) hatte 1218 den neu entstandenen Predigerorden, die Dominikaner, ins Erzbistum gerufen und in Friesach angesiedelt; es war dies die erste Niederlassung dieses neuen Ordens im Reich. Die Dominikaner übernahmen das Predigeramt im Dom und die Lehrstellen an der Domschule. Das »sola ratione« (»Allein durch die Vernunft«) Anselms von Canterbury sollte jetzt geschichtsmächtig werden, die neu entdeckte Rationalität wurde zur Triebfeder dieses Jahrhunderts. Die Weltpriester des Domklosters brachten von den italienischen und französischen Universitäten die Schriften ihrer Lehrer mit. Sie hatten sie dort abgeschrieben, schreiben oder auch nur illuminieren lassen. Die Schreibschule am Peterskloster verlor ihre alte Bedeutung, ihr fehlten diese Anregungen, St. Peter stand anscheinend im Schatten dieser neuen Entwicklungen.
Der Glaube an die Macht der Ratio, auch an die Kunst der rechten Auslegung der Gesetze, läßt sich anhand eines Beispiels illustrieren, das dem heutigen, unvoreingenommenen Betrachter, würde er jenen »Zeitgeist« nicht berücksichtigen, nur kurios und makaber erschiene.
Erzbischof Eberhard II. war einer der wenigen Salzburger Kirchenfürsten, die auf der Seite des Kaisers (Friedrichs II.) standen; über ihn wurde daher 1239 der Kirchenbann verhängt. Auch im Tod, der ihn bei »seinen« Dominikanern in Friesach ereilte, löste ihn der Papst nicht vom Bann, Eberhard war der ewigen Verdammnis preisgegeben. Die in Bologna »gewappneten« Rechtskundigen der Salzburger Domschule aber wußten Rat: Der Leichnam Eberhards wurde in einen Ledersack genäht und auf dem Dachboden der Kirche von Altenmarkt aufgehängt! Dort hingen seine sterblichen Überreste zweiundvierzig Jahre. Erst 1288 erhielt der Verstorbene aus Rom die Absolution vom Bann — sein Leichnam konnte in Virgils ehemaligem (nun leeren) Grab bestattet werden. Hinter dieser makabren »Beerdigung« verbirgt sich trockener, juristischer Rationalismus, dessen Spitzfindigkeit Eberhard immerhin vor der Verdammnis bewahrte: Der Kirchenbann wurde wirksam, sobald der Verstorbene vor den ewigen Richter trat. Das konnte die Seele aber nur, wenn der Leichnam der Erde übergeben worden war. Bei Eberhard hatte man aber gerade das vermieden — sein Leichnam hing zwischen Himmel und Erde, und seine Seele konnte, juristisch abgesichert, die Lösung vom Bann erwarten . . .

MYSTIKERKREUZE UND »SCHÖNE MADONNEN«

Der mittelalterliche Spiritualismus hatte durch die Entdeckung der Vernunft als einer Kraft, die zum Glauben führen konnte, im 13. Jahrhundert eine neue Wendung genommen. Völlig verwandelte sich die Frömmigkeit im 14. Jahrhundert, »als das feierliche Gloria Patri der Benediktiner zu verstummen begann . . . als man vom gemeinsamen Opfermahl hinweg in eine der vielen Seitenkapellen zu *seiner* gestifteten Privatmesse eilte«. Privatandacht und Privatkapellen der Vermögenden, Meßstiftungen und kunstvoll illuminierte Stundenbücher sind Ausdruck einer »außerliturgischen« Frömmigkeit, die den Weg zu Christus über das individuelle religiöse Gefühl suchte. Das »Leiden« Christi, das über das »Mitleiden« erlebt werden konnte, und Christus (»durch dessen Totenbleiche wir geheilt wurden«) als wundenbedeckter, gemarterter Mensch weckten eine tiefempfundene, religiöse Sinnlichkeit. Seine Königskrone verwandelte sich in eine Dornenkrone, der goldverbrämte Leibrock wurde zum Lendenschurz. Die Seitenwunde, ihre »Heilige Länge«, erfuhr abergläubische Verehrung; die fünf Wunden und die Marterwerkzeuge waren Gegenstand theologischer Betrachtungen.
Zu jedem Predigerkloster gehörte als wesentliche Einrichtung ein möglichst realistisch und grausam gemartert dargestellter Kruzifixus. Jener aus dem Dominikanerkloster in Friesach (aus den Jahren um 1330), dessen Körper schwer an einem Astkreuz hängt, hat sich an seinem ursprünglichen Ort erhalten, ein fast identisches lebensgroßes Mystikerkreuz, das aus dem alten Dom stammt, befindet sich heute im Kloster Nonnberg.
Eine weitere Erscheinung dieser mit allen Sinnen empfundenen Religiosität war das Verlangen nach »Schau«. Das eucharistische Brot wollte man nicht mehr wie früher geheimnisvoll in Pyxiden, Hostientürmchen oder Hostientauben aufbewahren, die »heilige Schau« sollte allen Gläubi-

gen möglich sein, Zeigegefäße, die »Monstranzen«, entstanden jetzt — in ihnen wurde das Allerheiligste ausgesetzt. Auch das Fronleichnamsfest verdankt dieser Religiosität seine Entstehung.

Das Leidensmotiv, das in den Mystikerkreuzen so realistisch vor Augen geführt wird, ließ auch einen neuen Typus des Andachtsbildes entstehen — die »Pieta«, das Vesperbild. Es ist dies das schmerzvolle Gegenbild zu dem der glücklichen, lieblichen, jungen Mutter in den »Schönen Madonnen«. Salzburg war in den Jahrzehnten um 1400 neben Böhmen das Gebiet, in dem diese »Schönen Madonnen« größte Verbreitung erfuhren. Im Salzburger Raum wird auch eine der theologischen Quellen für die marianische Predigt und für die neuen Madonnenbilder lokalisiert, das sogenannte »Mariale«. Diese theologische Schrift aus dem 14. Jahrhundert betont sehr stark die seelische und die körperliche Schönheit Mariens und hebt ihren Anteil am Erlösungswerk Christi hervor. Der Teint Mariens wird ausführlich beschrieben, auch die Farbe ihrer Haare; ein anderes Werk schildert auf sechs Seiten ihre seelische Schönheit und preist auf vierzig die körperlichen Vorzüge der Jungfrau.

Die romanischen Madonnen halten das Kind, das wie ein kleiner Erwachsener gebildet ist, vor sich auf dem Schoß, Maria ist gleichsam der »Thron«, auf dem Christus sitzt. Die Bildhauer der »Schönen Madonnen« entdeckten die Kindlichkeit Jesu und die natürliche Mütterlichkeit Mariens; mütterliche und kindliche Verhaltensweisen wurden nun dargestellt. Das Kind greift nach einem Apfel oder wendet sich dem Beter zu. Lieblichkeit und junges Mutterglück, der Realismus und die »Menschlichkeit« dieser Darstellungen waren ein Beweggrund dafür, daß die meisten dieser Werke zu volkstümlichen Gnadenbildern wurden. Über der Lieblichkeit, der oft höfischen Eleganz dieser Madonnenbilder liegt aber immer auch ein schmerzvolles Vorherwissen der zukünftigen Passion. Größte Freude mischt sich mit bitterstem Schmerz, »Schöne Madonna« und »Vesperbild« sind nur die extremsten Ausprägungen *eines* religiösen Erlebens, dessen fast unerträgliche Spannung die Visionen der hl. Birgitta von Schweden schildern: » . . . Als sie ihn in Windeln einwickelte, betrachtete sie in ihrem Herzen, wie sein ganzer Leib mit scharfen Geißeln zerrissen werden sollte . . . und wenn sie ihres kleinen Sohnes Hände und Füße leise in die Windeln band, vergegenwärtigte sie sich, wie hart dieselben mit eisernen Nägeln am Kreuze durchbohrt werden sollten . . . so war sie auch unter allen Müttern die betrübteste bei dem Vorherwissen seines bittersten Leidens.«

Im Salzburger Dommuseum ist die »Schöne Madonna« aus dem Franziskanerkloster (um 1410) ausgestellt, die aus den erzbischöflichen Gemächern Hohensalzburgs stammen soll.

Aus reichen und schweren Faltenbahnen des Mantels baut sich die Figur auf, eine große Gewandmulde umschließt das Kind, seitliche Faltenkaskaden erhöhen die Bedeutung dieses zentralen Motivs der »Mulde«. Die Hände, die das Kind halten und ihm einen Apfel darbieten, und das sinnend geneigte, der »Betrachtung im Herzen« hingegebene Haupt unterstreichen bedeutungsvoll diese innige Beziehung von Mutter und Kind. In der Abteikirche St. Peter steht im Nordquerhaus (in einer Nische des 18. Jahrhunderts) eine »Schöne Madonna«, deren volkstümlicher Name »Maria Säul« auf ihren ursprünglichen Aufstellungsort, eine Säule, hinweist. Die Vergoldung dieser Figur stammt aus der Barockzeit.

Erzbischof Pilgrim II. von Puchheim (1365-1396) war der bedeutendste Salzburger Kirchenfürst dieses Jahrhunderts. Unter ihm entfaltete der erzbischöfliche Hof eine noch nie dagewesene Pracht, die Künste standen in hohem Ansehen. Erzbischof Pilgrim intensivierte den Gold- und Silberbergbau und bezog daraus reiche Einkünfte, die Entwicklung Salzburgs zu einem eigenständigen Landesfürstentum kam unter ihm zum Abschluß, das Erzstift erreichte seine größte Ausdehnung. Es erstreckte sich über das heutige Bundesland Salzburg, das Ziller- und das Brixental (auch Windisch-Matrei gehörte dazu) sowie über den Rupertiwinkel mit Laufen, Tittmoning und Mühldorf. Reicher Streubesitz in Bayern, Kärnten und Krain (mit den Städten Friesach, Leibnitz und Pettau) und (bis 1405) die Fürstpropstei Berchtesgaden sorgten für überaus hohe Einkünfte.

Der Salzburger Metropolit hatte die geistliche Gewalt über die Suffraganbistümer Regensburg, Passau, Freising und Brixen, in den vier »Eigenbistümern« Gurk, Chiemsee, Seckau und Lavant konnte er aus alleiniger Machtvollkommenheit, ohne Mitspracherecht von Kaiser und Papst, Bischöfe einsetzen.

Pilgrim II. stiftete, der Mode der Zeit gemäß, 1367 an der Nordwestseite des Doms die Pilgrimskapelle (sein Oratorium für die Privatandacht) und stattete sie überaus reich mit fünf Altären und einer Orgel aus. Die Kapelle war gegen das nördliche Seitenschiff des alten Doms durch ein Gitter abgeschlossen, sie besaß sogar eine eigene Sakristei. In dieser Kapelle wurde Pilgrim nach seinem Tod auch bestattet.

HIMMLISCHE UND IRDISCHE LIEBE

Erzbischof Pilgrims Hofgesellschaft bestand aus gelehrten Weltpriestern und Dominikanern, Musikern und Adeligen, die zwar das geistliche Lied pflegten, sich aber auch der irdischen Liebe gegenüber nicht verschlossen zeigten, wenn sie etwa klagen: »Wir fünfzehn von der Hofgesellschaft tun den Damen kund, daß wir in Liebesschmerzen liegen...« Unter dem Verfassernamen »Mönch von Salzburg« sind diese Lieder überliefert. Wer sich hinter dem Pseudonym verbirgt, ist noch unbekannt, bei einem Lied aber nennt sich Erzbischof Pilgrim als Verfasser. Er beklagt die Trennung von einer Dame »E« in Schloß Freisaal (im Nonntal), seinem Sommersitz: »Der tenor [Lied] haist der freudensal nach einem lusthaws pey Salzburg und ist gemachet zu Prag ... dem allerlibsten schönsten weib in freudensal frau eren gail send ich den brif ... dein antwurt schreib mir libstes E, mir Pilgreim ...« Neben Pilgrim werden aber auch andere genannt, etwa ein »maister Johann, prediger orden« (womit nur ein Dominikaner gemeint sein kann). Es gilt als erwiesen, daß die Liedsammlung auf den Dichterkreis um Pilgrim zurückgeht.

Die Minnelieder des »Mönchs«, in denen immer wieder Liebeserwarten (»... mein hercz erschrikt, wenn sy aufplikt...«) und Frauenschönheit besungen werden (»...ir zend [Zähne] sint klein, ein schöne kel [Hals], ein lawter fel [Haut], gancz lind und hel...«), und die Sauflieder stehen neben den geistlichen Liedern (etwa dem heute noch als weihnachtlichem Volkslied bekannten »Joseph, lieber nefe mein«), aus dem Lateinischen übersetzten Hymnen und Sequenzen, die vor allem Maria und das Kind besingen (»... o wy gar selge küssen drukt dein Mund an kindleins mund...«). Religiöse und profane Sinnlichkeit, himmlische und irdische Liebe, Marienhymnen und Liebeslieder waren fast austauschbar.

Alle diese Lieder sind mit ihren Melodien überliefert, was von größter Bedeutung ist, wird doch in ihnen erstmals für deutsche Lieder die Mehrstimmigkeit verwendet. Diese »Ars nova«, deren Mehrstimmigkeit teils vokal (Duette), teils durch Instrumentbegleitung erzielt wurde, erforderte auch eine neue, präzise Notation. Dieses Musizieren stand in bewußtem Gegensatz zur anonymen und einstimmigen »Ars antiqua« der Klosterkultur. Frankreich und der musikliebende Prager Hof Karls IV. und Wenzels IV. mögen hier Vorbild gewesen sein. Erzbischof Pilgrim hatte das Hofleben im päpstlichen Exil zu Avignon (er war dort zum päpstlichen Kaplan aufgestiegen) kennengelernt, die »Neue Kunst« der Mehrstimmigkeit mag er von dort mitgebracht haben. Er hielt sich auch immer wieder in diplomatischer Mission in Prag auf. Ein Mitglied seiner Hofgesellschaft, der Hofmeister Reicher von Ettling, Pfarrer (Plebanus) von Altenmarkt (Alten-Radstadt), erwarb während einer solchen Mission in Prag eine »Schöne Madonna« (die sogenannte »Altenmarkter Madonna«) und stiftete sie seiner Kirche (1393). Ihm widmete der Mönch in Form eines Akrostichons eines seiner schönsten Marienlieder, die Anfangsbuchstaben der Verse ergeben den Adressaten: »RICHERVS PLEBANVS IN RASTAT«.

Das 14. Jahrhundert brachte neben Mystik und Marienverehrung auch eine Besinnung auf die karitativen Verpflichtungen, vor allem auf Kranken- und Armenpflege. Die Pest von 1348/49, das »Große Sterben«, hat diese Bewegung nur noch verstärkt. Leprosenhäuser und Spitäler entstanden, das Bürgerspital am Ende der Getreidegasse, mit der Kirche St. Blasius, war eine Stiftung des Jahres 1327 (1350 wurde die Kirche geweiht). Der Spitalstrakt, dessen heutiger Zustand im 16. Jahrhundert geschaffen wurde, beherbergt nun Sammlungen des Museums Carolino Augusteum. Zu Beginn des 15. Jahrhunderts hatte man in den Westteil der Kirche, die durch ihren schlichten Hallencharakter in der Tradition der Bettelordensarchitektur steht, eine Empore mit eigenem Altar eingebaut, um den Kranken und Siechen den Besuch der Messe zu ermöglichen. Diese Empore stand mit dem »Gotischen Saal« und den Spitalsgebäuden in Verbindung.

»HISTORISMUS« IN ST. PETER

St. Peter besaß in diesem Jahrhundert in Abt Otto II. Chalchochsperger (1375-1414) eine Persönlichkeit, deren Baumaßnahmen erst in letzter Zeit in ihrem historischen Wert erkannt werden. Die Vorhalle der Stiftskirche war auf Grund ihrer »romanischen« Formen lange in jene Zeit datiert worden, deren Formen sie zitiert. Schwere Wulstrippen tragen das Gewölbe, nach den Seiten öffnete sich die Halle in Bogenfenstern. Diese Vorhalle hatte Abt Otto erst in den Jahren gegen 1400 errichten lassen! Einen ähnlich retardierenden Stil, der gerechter als »Historismus« bezeichnet werden müßte, zeigt auch der unter ihm errichtete Kreuzgang. Spolien aus karolingischer Zeit und Bauteile der älteren Gotik wurden dort verbaut, verbinden sich mit gotischen Maßwerkfenstern zu einem eigenartigen Konglomerat, dessen späte Entstehungszeit (um 1400) man nicht vermuten würde. Abt Otto hat diese historischen Fiktionen bewußt unternommen; seine Bauten sollten durch das Zitieren längst vergangener Formen, durch das Verwenden alter Bauteile die Erinnerung an das ehrwürdige Alter des Petersstifts wachrufen. Dieser Historismus setzt ein neues Verständnis für »Geschichte«, für die Leistungen der Vergangenheit, voraus. Es ist ganz und gar nicht das Unvermögen, »zeitgemäß« zu bauen, denn bereits zu Beginn des 14. Jahrhunderts hat St. Peter mit der gotischen Marienkapelle (geweiht 1319) bewiesen, daß dem Stift dieser neue Stil durchaus vertraut war. Auch nicht Mangel an Geld und geeignetem Material führte zur Verwendung der Spolien. Sie waren nicht billiges Baumaterial, sondern Baureliquien, geschichtsträchtige Zeugen einer großen Vergangenheit. Eine Betrachtungsweise, die nur nach reinen Stilformen und ihrem chronologischen Raster urteilt, kann solchen stilistischen »Rückblenden« nicht gerecht werden. Die Ästhetik solcher Stilkonglomerate, deren historisches Programm gleichwohl sehr präzise war, wird erst in unserer Zeit der »postmodernen« Architekturzitate entsprechend gewürdigt. Der Anlaß für diese historisierende Bautätigkeit Abt Ottos wurde erst jüngst entdeckt — die Veröffentlichung dieser Quellen wird zu einer Neubewertung dieser früher als »provinziell«, als »zurückgeblieben« bezeichneten Baugesinnung führen.

»HERBST DES MITTELALTERS«

Kaum eine Generation nach dem Rückgriff Abt Ottos II. von St. Peter auf »romanische« Stilformen, um das Alter der Abtei vor Augen zu führen, begann die Salzburger Bürgerschaft mit dem Bau einer »modernen« spätgotischen Hallenkirche. Gleichzeitigkeit des stilistisch und genetisch Verschiedenen wird an diesen Baumaßnahmen sichtbar. Das reflektierende Historisieren war eine sehr »moderne« Haltung, die sich aber zur Verwirklichung Formen bediente, die »alt« und »vergangen« waren; der Hallenchor der Franziskanerkirche dagegen sollte, ohne Brechung der Reflexion und ohne »stilistische Umwege«, das neuerwachte Selbstbewußtsein des Bürgertums direkt repräsentieren. Die Franziskanerkirche war die Pfarrkirche der Stadt — im Gegensatz zum erzbischöflichen Dom war *sie* das liturgische Zentrum des Bürgertums.

An diesem Beispiel wird klar, daß gerade in einer Stadt wie Salzburg, in der so verschiedene und entgegengesetzte, ja miteinander konkurrierende Kommunitäten wie Bischofshof und Domkloster, die Benediktinerklöster St. Peter und Nonnberg und das Bürgertum auf engstem Raum miteinander »auskommen« mußten, jede Gemeinschaft ihre eigene architektonische, künstlerische Sprache zu sprechen suchte. Obwohl in manchen Jahrhunderten bis zu sechs klösterliche Gemeinschaften nebeneinander bestanden, war Salzburg doch keine typische Klosterstadt, in der man das Leben nur aus halbgeöffneten Augen betrachtet hätte. Die Tatsache, daß der Erzbischof seit dem Spätmittelalter auch Landesfürst war, hat eine solche Beschaulichkeit gar nicht aufkommen lassen. Der Bischofshof, zugleich landesfürstliches Verwaltungszentrum mit allen dafür erforderlichen »Behör-

Grabplatte des Ulrich Chalchochsperger † 1348, St. Peter, Lithographie von Peter Herwegen, 1867

den«, hat in Salzburg den Hang zum Praktischen, zum Verwalten des Gegebenen, gefördert. Umstürzlerische Gedanken, tiefgreifende Reformen konnten da nie hochkommen. Der alte Dom war das Symbol der bischöflichen Macht, ein Zeichen für ihre Dauer. St. Peter, das uralte Kloster, konnte mit dieser Machtfülle nicht konkurrieren, es versuchte aber, deutliche Zeichen zu setzen, die seinen Vorrang (das Alter betreffend) anzeigen sollten; wenn es nottat, sogar in Form einer historischen Fiktion oder durch Urkundenfälschung, die freilich »bona fide« geschah. Die Baumaßnahmen von Abt Otto II. gehörten dazu, desgleichen das »Felsengrab« Ruperts in der Abteikirche (das angeblich erst im 14. Jahrhundert eingerichtet worden war) und das Arkosolgrab in den Höhlenkirchen, dessen Einbau Anfang des 16. Jahrhunderts die Märtyrerlegende »untermauern« sollte. Auch verschiedene Rechte — wie das der Präzedenz und das Begräbnisrecht, die vom Kloster energisch verteidigt wurden — sollten gegenüber dem Domkapitel unübersehbare »Zeichen des Alters« setzen, denn höheres Alter bedeutete ja auch Vorrang.

Das Bürgertum hat in diesen »Konkurrenzkampf« erst relativ spät eingegriffen; die Ursache dafür war die ganz spezifische Salzburger Herrschaftsstruktur. Die Bürgerschaft entstammte einerseits dem Hofgesinde des Pfalzbezirks und des Bischofshofs, anderseits der Händlerschaft, die sich an der »Porta«, im Pfalzbezirk, angesiedelt hatte. Die Zweiteilung mag sogar noch heute in manchem nachwirken. Zwar stellen die Kaufleute keine zahlenmäßig umfangreiche Gemeinschaft mehr dar, gerade sie aber sind bemüht, die Stadt nach ihren Vorstellungen zu »vermarkten«. Die Beamtenschaft der Landes- und Stadtverwaltung in unserer Zeit hat, »cum grano salis«, gewissermaßen die Rolle der Hofangestellten übernommen. Ob die Tatsache, daß Salzburg im Vergleich zu anderen österreichischen Landesverwaltungen mehr Beamte aufweist, auf zählebige fürstliche Hoftraditionen zurückzuführen ist, ist hier nicht zu entscheiden.

Das kleine Rathaus am Kranzlmarkt, am Beginn der Getreidegasse, wurde erst 1407 bezogen. Die architektonische Formensprache dieses Gebäudes ist äußerst zurückhaltend; vergleicht man sein kleines Türmchen mit den anderen Stadttürmen, dann weiß man sofort, daß es nicht die Bürger waren, die hier den Ton angegeben haben. In einem eigenartigen Gegensatz dazu steht die außerordentliche Finanzkraft der Salzburger Kaufleute des 15. Jahrhunderts. Sie beherrschten den Fernhandel von Venedig nach Süddeutschland und Böhmen. Es ist verständlich, daß sie, nach dem Vorbild deutscher Städte, für Salzburg die Reichsfreiheit anstrebten. Und Kaiser Friedrich III. verlieh ihnen diese Privilegien während der Regierungszeit eines schwachen Erzbischofs. Leonhard von Keutschach jedoch, der das Bistum wie ein strenger, oft auch grober Hausvater regierte, duldete kein aufbegehrendes Bürgertum neben sich. Deshalb lud er am 24. Jänner 1511 den Stadtrichter, den Bürgermeister, den Stadtschreiber und den Inneren Rat zum Frühstück in die Residenz. Dort nahm er seine »Gäste« gefangen, hielt ihnen eine Strafpredigt, ließ sie auf die Festung bringen und in der Nacht, trotz grimmiger Kälte, auf offenen Schlitten nach Radstadt führen. Sie mußten den Ratsbrief Kaiser Friedrichs III. ausliefern und auf alle Privilegien verzichten. Das aufkeimende Selbstbewußtsein der Bürger muß damals für immer schweren Schaden erlitten haben. Auch nach der Säkularisation hat das Salzburger Bürgertum kaum eine tragende Rolle gespielt, kulturelle Initiativen, wie die Gründung der Salzburger Festspiele oder der Universität, wurden von außen an Salzburg herangetragen.

Doch kehren wir nochmals ins 15. Jahrhundert zurück, in die Zeit, als die reich gewordene Salzburger Bürgerschaft den Bau einer modernen Stadtpfarrkirche plante. Dieser Bau wurde allein von den Bürgern finanziert. Der Kaufmann Ulrich Samer etwa legte 1429 12.000 Gulden bei der venezianischen Staatsbank an, mit deren Zinsen er seinen Beitrag zum Bau leisten wollte.

Die ersten Stiftungen fallen ins Jahr 1408 (damals mögen die Vorbereitungen begonnen haben), der tatsächliche Baubeginn ist wohl erst in den zwanziger Jahren anzusetzen. Zu Anfang war vielleicht ein Neubau der gesamten Kirche geplant. Die mögliche Planänderung, die nur zum Neubau des Chors führte und das Weiterbestehen des alten Langhauses vorsah, könnte vor 1432 (dem Todesjahr des Architekten Hans von Burghausen) stattgefunden haben. Die frühe Baugeschichte der Kirche ist aber noch nicht ganz geklärt. Das von Anfang an gewollte »Nonfinito« des Hallenchors wäre gleichfalls denkbar. Denn gerade die Zeit der Gotik hat sich oft mit dem Neubau eines Chors begnügt und ihn an ein älteres Langhaus gefügt. Auch die Neigung dieser Zeit zu zentrierender Raumgestaltung würde diese These stützen. Der Hallenchor der Franziskanerkirche mit seinem zentralen Rundpfeiler im Osten wirkt, vor allem vom Langhaus her gesehen, wie ein sich um diesen Ostpfeiler radial entwickelnder Raum.

Es gibt außerdem noch ein »typologisches« Argument für die vielleicht von Anfang an gegebene Planung allein des »Zentralraums« des Chors: Vor der spätromanischen Basilika stand an diesem Platz eine Taufkirche, und für diesen Kirchentypus war der Rundbau, der Zentralraum, kanonisch. Es ist nun möglich, daß der Hallenchor des Hans von Burghausen eine typologische Anknüpfung an diese Taufkirche darstellt. (Wir werden später sehen, daß auch der Altar Fischers von Erlach möglicherweise alte Formtraditionen dieses Orts wiederaufnimmt.) Übrigens ist die Existenz einer Taufkirche im 8. Jahrhundert an dieser Stelle auch ein Argument für einen vorvirgilianischen Dombau (für Bischof Johannes?) im Bereich der späteren Kathedralen, da Taufkirchen meist westlich vor den zugehörigen Domkirchen situiert waren.

Der Petersfriedhof und die Festung, Kreidelithographie von Albert E. Kirchner, 1838

Der Bau des Hallenchors schritt rasch voran, 1446 wurde der Chorbogen errichtet, die Wände waren bis zum Gewölbeansatz gediehen. 1449 wird bereits eine Altarweihe überliefert, 1460 war der Chor, dessen Bauführung Stefan Krumenauer übernommen hatte, vollendet. Der Turm wurde (nach einem Nürnberger Entwurfsriß) in den Jahren 1486—1488 errichtet. Diese Bürgerstiftung krönte ein gewaltiger spätgotischer Flügelaltar, für den Michael Pacher gewonnen werden konnte. 1484 übersiedelte Pacher aus Bruneck nach Salzburg, um das große Altarwerk, das sein Hauptwerk werden sollte, zu vollenden. 1498 starb er in Salzburg und wurde vielleicht im kleinen Friedhof an der Nordseite der Kirche begraben. Seine Grabstätte ist vergessen (der Friedhof ist heute, bis auf einen kleinen Hof, von Wolf Dietrichs Gebäudetrakten überbaut), sein gewaltiges Altarwerk (man hat eine Höhe von 16 Metern errechnet) wurde Anfang des 18. Jahrhunderts zerstört. Nur die Madonna — die als Gnadenbild galt — hat Fischer in seinen Altar, der freilich ebenfalls ein Meisterwerk ist, übernommen. Eine Bildtafel der Flügel diente als Holzbrett für einen Sakristeischrank, sie befindet sich heute mit zwei weiteren Tafeln dieses Altars in der Österreichischen Galerie in Wien.

Michael Pacher hat während seiner Salzburger Jahre noch ein kleineres Altarwerk geschaffen: sein Michaelsaltar stand auf der Empore der Michaelskirche. Anfang des 17. Jahrhunderts, als man die Empore abbrach, wurde dieser Altar ins Presbyterium versetzt, im 18. Jahrhundert fiel er der Barockisierung zum Opfer.

Auch die Franziskanerkirche bezieht, wie so vieles in dieser Stadt, ihren Reiz aus einer »Kunst des Arrangierens« heterogener Formen. Die Seitenschiffe sind dunkel, gewölbt, das Mittelschiff ist schmal und fast ohne eigenes Licht. Ein enger und sehr hoher Chorbogen gibt den Blick frei auf einen hellen gotischen Chor, dessen Ausdehnung und Höhe vom Langhaus her nur erahnt werden kann. Die größten

Gegensätze werden spürbar: Während das spätromanische Langhaus mit den massigen Pfeilern und Mauern, den schweren Gewölben und den abgeteilten Jochen noch Enge und Begrenzung spüren läßt, gleitet der Blick befreit in den hellen spätgotischen Hallenchor, der Weite und Freiheit atmet. Die schlanken Rundpfeiler scheinen wie Stämme in die Höhe zu wachsen, das feingliedrige Netz der Gewölberippen spannt sich wie ein Gitter aus Astwerk über den Raum; die Außenwände sind durch große Maßwerkfenster aufgelöst — Licht und Weite dominieren diese Halle, die Ausdruck eines neuen religiösen Lebens ist. Es erscheint durchaus denkbar, daß das Salzburger Bürgertum mit diesem Hallenchor, der kontrapunktisch zum alten Langhaus gesetzt wurde, programmatisch sein neues Selbstbewußtsein dokumentieren wollte. Die »Laien«, die Bürger, hatten mit diesem Chor den Altarraum für sich gleichsam »erobert«. In den alten Kirchen, in St. Peter und im Dom hingegen, trennte ein Kreuzaltar, ein Lettner, die »Laien« vom Chor, der den Mönchen und den Chorherren vorbehalten blieb. Der neue Hallenchor, in dessen Mitte der Altar am zentralen Rundpfeiler steht, »versammelt« die Gläubigen um dieses Zentrum, über allen spannt sich das vom Mittelpfeiler ausstrahlende Gewölbe. In diesem Chor »flutet« das Licht, überstrahlt alles gleichmäßig, »umspült« die schlanken Pfeiler. In den alten Kirchen waren die Hierarchien ausgeprägter, es gab die gezielte Licht-Führung, nicht den vom Licht allseitig durchströmten Raum.

Das 15. Jahrhundert brachte, nach krisenhaften Anfängen, einen großartigen Aufschwung der Künste. Die Melker Reform der Benediktinerklöster, die gegen das Konkubinat der Geistlichen und den allgemeinen Sittenverfall gerichtet war, erzielte in Salzburg schöne Erfolge; die alte Petersschule wurde reorganisiert. Neubauten im Stil der Spätgotik waren die Kirche des Klosters Nonnberg, die Pfarrkirche Mülln und die Margarethenkapelle auf dem Petersfriedhof. Die Buchmalerei wurde wieder gepflegt, bezeichnenderweise übernahmen jetzt Pfarrer oder Künstler aus dem Bürgertum im Auftrag des Klosters St. Peter das Schreiben und Illuminieren der Bücher. Die »Grillinger-Werkstatt« vollbrachte um 1430 Höchstleistungen der Buchkunst, Ulrich Schreier verfertigte Lederschnitt-Einbände und illuminierte die ersten Frühdrucke. Große Altarwerke, neben jenen Michael Pachers, sind von den Malern Conrad Laib und Rueland Frueauf in Fragmenten überliefert.

Die Melker Reform hatte nur die Benediktinerklöster zur strengen Beobachtung der Regel zurückgeführt. Das Domkloster der Augustinerchorherren und das der Domfrauen hingegen wurden kaum von Reformen berührt. Einen gedeckten Gang, der von der Residenz zu den Domfrauen führte und durch den die dem Weltlichen nicht abgewandten Erzbischöfe des 15. Jahrhunderts ihre Mätressen besuchen konnten, ließ erst Erzbischof Leonhard von Keutschach niederreißen, auch das Quartier der Konkubinen hat erst er abbrechen lassen.

Schwere politische und finanzielle Schwierigkeiten des Bistums zu Anfang des Jahrhunderts wurden kurzerhand den Salzburger Juden in die Schuhe geschoben. Am 10. Juli 1404 wurden alle Juden der Stadt, ausgenommen Kinder unter elf Jahren und schwangere Frauen, zusammengetrieben und öffentlich verbrannt (mit ihnen verbrannten natürlich auch die Schuldscheine). Nur ein »magnus judeus« vermochte sich freizukaufen.

Den absoluten Tiefpunkt erlebte das Erzbistum unter Erzbischof Friedrich V. von Schaunberg (1489—1494). Er war zwar von edler Geburt, die Chronisten schildern ihn aber eher als Idioten, kaum fähig, zu lesen und die bischöflichen Handlungen zu vollziehen. Kaiser Friedrich III. beschimpfte ihn vor versammeltem Hofstaat in Wiener Neustadt: »Dieser ist so ein Bischof, wie ein Schwein ein Briefträger. Er kann weder die Messe lesen noch den Donat der Knaben« (der »Donat« war die lateinische Elementargrammatik der Schüler).

Salzburg gehörte im 15. Jahrhundert zu den reichsten Bistümern des Abendlands und wurde nur noch von Winchester übertroffen. Die Wahltaxen, die nach jeder Bischofswahl an die Kurie in Rom zu entrichten waren, richteten sich nach den Jahreseinkünften der Bistümer: In diesen Vorschreibungen wurde Salzburg an gleicher Stelle mit Aquileia, Canterbury, York und Köln gereiht.

Erzbischof Leonhard von Keutschach (1495—1519) hat den Reichtum des Bistums durch sein sparsames, ja geiziges Regiment zum territorialen Ausbau genützt. Er kaufte für die enorme Summe von etwa 150.000 Gulden verschiedene Grundherrschaften, um Salzburgs Territorium zu arrondieren. Von Kaiser Maximilian I., der sein Leben lang in Geldnöten war, mußte er sich jede politische Zusage, jedes Privileg mit barer Münze erkaufen. Was manche seiner Vorgänger durch diplomatisches Geschick erreichten, erlangte Leonhard nur durch seine immer vollen Kassen. Er war auch in den Augen der Zeitgenossen ein Krämer, »Liendl (Leonhard) Wiert« und »Pierschenk« nannten ihn die Salzburger respektlos, hatte er doch im Domkloster einen Schankbetrieb eröffnet. »Liendl Ryebler« hieß er im Volksmund, nach seinem Wappen mit der weißen Rübe. Hausväterlich und autoritär führte er sein Regiment. Alle Salzburger Burgen ließ er neu befestigen, die Festung Hohensalzburg baute er nach den neuesten kriegstechnischen Erkenntnissen um: die Bauernunruhen der vergangenen Jahrzehnte mögen ihm das geraten haben. Den »Hohen Stock«, den Palas der Festung, stattete er prächtig aus — diese Fürstenzimmer zählen zu den schönsten gotischen Profanräumen Europas.

Um Ordnung in dem von ihm regierten Gemeinwesen besorgt, ließ Erzbischof Leonhard 1502 auf der Stadtseite der Festung ein Hornwerk, das »Geschrey« (später »Salzburger Stier« genannt) anbringen, einen akustischen Mahner, ein ». . . Horn, so man täglich morgens um vier Uhr und abends um sieben Uhr getrötten, welches einen gar lieblichen Ton von sich gibt«. Der hornartig »schreiende« Zusammenklang der Töne des F-Dur-Dreiklangs f-a-c aus 135 Metallpfeifen war für die Salzburger Weckruf und Signal zur Abendruhe. Sinnigerweise läßt sich die Tonfolge f-a-c auch als »fac!« verstehen, als lateinische Befehlsform für »tun«. Der »Salzburger Stier«, im 16. Jahrhundert durch ein Walzenwerk ergänzt, ist übrigens das einzige noch erhaltene spätgotische Hornwerk.

Die Kunst der Spätgotik in Salzburg zeigt das schon vertraute Bild: Einer bescheidenen und handwerklichen eigenen Produktion steht eine Reihe von Werken Fremder gegenüber, »die schöpferischen Kräfte kamen . . ., wie eh und je fast durchwegs von auswärts . . .« (Franz Fuhrmann)

PURPURNE STEINE

Auf eine Kunstgattung dieser Zeit wollen wir noch näher eingehen, weil sie sich ihr Rohmaterial aus Salzburg holte: die spätgotische Grabmalplastik, die den Rotmarmor aus Adnet bei Hallein verwendete. Die Salzburger Denkmale dieser Kunstübung sind stark dezimiert, denn die lange Reihe der Bischofsgräber im Dom hatte Wolf Dietrich beim Abbruch des Münsters »zerknirschen und zerschlagen« lassen. Das Grabdenkmal des hl. Vitalis im Südquerhaus der Stiftskirche St. Peter, das ein Meister Hans 1497 schuf, ist eines der schönsten in Salzburg noch vorhandenen Denkmale dieser Art. Der Kreuzgang des Stifts, die Margarethenkapelle im Friedhof und das Nonnberger Kloster bewahren noch etliche andere, schlichtere rotmarmorne Grabsteine. Diese Grabmale kann man, wenn sie das lebensgroße Reliefbild des Verstorbenen tragen, wie so vieles im mittelalterlichen religiösen Brauch als »Nachfolge Christi«, als letzte »Imitatio Christi« auffassen. Denn die Verwendung dieses kupferroten, purpurnen Steins als Grabstein ruft die Erinnerung an den »Salbstein Christi« wach, auf dem der Tote von Nikodemus und Joseph von Arimathea gewaschen und mit Aloe und Myrrhe gesalbt worden war. Dieser Salbstein Christi, der »lithos erythros«, der »lapis purpureus«, der purpurne Stein, wie ihn die Quellen (Niketas Choniates) nennen, war eine verehrte Reliquie in Ephesos. Kaiser Manuel Komnenos I. (1143-1180) ließ ihn nach Konstantinopel bringen, nach seinem Tod gelangte er ins Pantokratorkloster. Nach der Eroberung der Stadt durch die Türken (1453) wurde er anscheinend dem König von Frankreich zum Kauf angeboten, seither ist er verschollen.

Die Kraft des heiligen Blutes Christi soll den Salbstein unvergänglich rot gefärbt haben, mit den Tränen der heiligen Frauen darauf »weiß wie Milch« und »wie Wachstropfen« (wie ebenfalls berichtet wird). Sogar dieses weißgefleckte Material fand sich in Adnet; es sind das, je nach Art der Rot-Weiß-Musterung, der sogenannte »Rotscheck«, der »Mandlscheck« und der »Rottropf«. Diese besonders stark rot-weiß gescheckten Sorten haben vor allem bei Königs- und Kaisergräbern Verwendung gefunden — etwa beim Grab des Königs Kasimir Jagiello von Veit Stoß in Krakau (1492) und beim Grab Kaiser Friedrichs III. von Niclas Gerhaert im Wiener Stephansdom (ab 1468).

In der Vorstellung des Spätmittelalters ermöglichte die Bedeutung, die dem »purpurnen« Material und seiner Verwendung (als Grabplatte) immanent war und worin der mittelalterliche Mensch die »Kopie«, das »Abbild« des Salbsteins Christi erkannte, dem Verstorbenen die Kraft der Teilhabe an einem heilsgeschichtlichen Ereignis — wie Christus liegt sein Körper auf dem purpurnen Stein, von Frauentränen benetzt.

Eine neue Zeit bricht an

RENAISSANCE IN SALZBURG

Erzbischof Matthäus Lang (1519—1540) entstammte einer verarmten Augsburger Patrizierfamilie. Auf die Jahre seines Studiums in Ingolstadt, Tübingen und Wien ging seine Freundschaft mit den Humanisten (wie etwa Konrad Peutinger) zurück, Johann Cuspinian wurde später sein Sekretär. Die Humanisten haben ihn immer als einen der ihren angesehen. Seine Jugend war von drückender Armut überschattet, ». . . da er jung ist gwesen, ist er in stetten umzogen wie ein ander arms schreiberlin«, sagte später ein Chronist. Sein unglaublicher Aufstieg begann mit seinem Eintritt in die Kanzlei König Maximilians I. Bereits 1498 wurde er Kammersekretär, im selben Jahr erfolgte seine Erhebung in den erblichen Adelsstand. Hinfort nannte er sich, nach einem Schloß bei Augsburg, »von Wellenburg«. 1501 avancierte er zum kaiserlichen Rat, die Chronisten bezeichneten ihn ob seiner Machtfülle gar als »halben König«.

Als Diplomat besaß Lang europäisches Format. Er war stolz und überheblich, galt als Emporkömmling, als Realpolitiker von seltener Verwegenheit, er war ein harter und wenig umgänglicher Mann. Die Zeitgenossen erblickten in ihm Maximilians völlig skrupellosen Gehilfen, »dermaßen hoffertig, hoffertiger dan der Kaiser«; er war der größte Pfründenjäger seiner Zeit. Bestechung war ihm ein zeitgemäßer Weg; wo es galt, Geld zu verdienen, war er dabei. Er häufte Pfründe auf Pfründe, 1515 wurde sein Einkommen bereits auf 50.000 bis 80.000 Gulden geschätzt. Sympathische Züge besaß er, wenn man von seiner großen Vorliebe für die Musik, die Wissenschaften und die Begeisterung für die Antike absieht, kaum.

Bereits seit 1501 Koadjutor in Gurk, wurde Lang 1505 Bischof dieses kleinen Salzburger Eigenbistums. 1510 erhielt er in Spanien Cartagena, mit dem Bischofssitz Murcia, als Titularbistum. 1512/14 war er am Ziel seiner Wünsche: der Papst bestellte ihn zum Koadjutor Erzbischof Leonhards von Keutschach mit dem Recht auf die Nachfolge. Das reiche Bistum Salzburg sollte seine Pfründen krönen. Das Domkapitel hatte diese Entscheidung befürwortet, Lang versprach ihm dafür die Säkularisation, die es den Domherren endlich ermöglichen sollte, das ersehnte »weltliche« Leben zu führen. 1514 konnten sie tatsächlich den Ordenshabit ablegen, das Domkloster hatte aufgehört zu bestehen.

Erzbischof Leonhard hat sich vergeblich gegen Lang als Nachfolger gewehrt, er bezeichnete ihn als großen »zerer«, der die Finanzen des Erzbistums mit Sicherheit ruinieren würde. 1519, nach Leonhards Tod, war Lang am Ziel: Als Erzbischof regierte er das nach Köln reichste geistliche Fürstentum im deutschen Reich.

Leonhard von Keutschach war ein typischer Vertreter der Spätgotik gewesen, unter Kardinal Matthäus Lang aber hielt der Geist der Renaissance Einzug in Salzburg. Symbolhaft dafür war die Installierung eines »Horologiums«, einer astronomischen Uhr, im alten Dom. Die »Zeit«, die im Mittelalter eine sakrale Gegebenheit war, wurde durch diese »Veröffentlichung« mittels einer Schau-Uhr gleichsam profaniert. Wir wissen nicht, ob dieses »Horologium mit Uhr« im alten Dom auch ein automatisches Figurenwerk mit sakraler Thematik besaß, gewiß umfaßte es aber einen ewigen Kalender und ein Astrolabium als »künstliches Universum«, dessen Symbolwert wohl höher war als die Genauigkeit der Anzeige. Die Uhr als ein Symbol für Ordnung und Autorität: das entsprach ganz Kardinal Langs Selbstverständnis. Uhren waren aber auch eine Metapher für die Tugend des Gleichmaßes, der »Temperantia«, der Selbstbeherrschung — und gerade die war nicht Langs Stärke.

Durch seine Humanistengelehrsamkeit wurde Matthäus Lang auch zum Bewunderer der Antike. 1502, zu einer Zeit, als selbst Rom noch arm an Bildwerken der antiken Kunst war, fand ein Kärntner Bauer am Magdalensberg eine lebensgroße antike Bronzestatue eines Jünglings (aus dem 1. Jahrhundert nach Christus). Lang, damals noch Koadjutor des Gurker Bischofs, erwarb die Statue und schenkte sie, nachdem er einen Bronzenachguß hatte anfertigen lassen, Ferdinand I. von Spanien. Den Nachguß ließ er auf der Festung Hohensalzburg aufstellen; heute befindet sich diese Renaissancekopie im Kunsthistorischen Museum in Wien. Albrecht Dürer hat möglicherweise indirekt von dieser Figur Anregungen für seine Kunst empfangen. Dürer war es auch, der Lang porträtierte und 1521 einen Thronsessel für den Kardinal entwarf. Dieser Thron, der wohl nie angefertigt wurde, ist ein kurioses Gebilde, einem Kunstkammerstück ähnlicher als einem Repräsentationsmöbel. Löwen und Fabelwesen verbinden sich darin mit architektonischen Fragmenten, Helmformen und organischen Ornamenten zu einem fragilen Schau-Gebilde, dessen Ort nicht der Thronsaal, sondern der prächtige, staunenerregende Umzug ist.

Kardinal Langs Hofhaltung in Salzburg soll »renaissancemäßig« gewesen sein, die Musik und die dekorativen Künste lieferten den prächtigen Rahmen dafür. Im Museum Carolino Augusteum hat sich von diesem Ausstattungsluxus ein spanischer Knüpfteppich erhalten, der im Lorbeerkranz Langs Wappen zeigt. Er stammt von den Knüpfstühlen der Manufakturen in Murcia, seinem spanischen Titularbistum, und wurde in den Jahren 1514—1519 hergestellt. Kufische Schriftzeichen und ein »arabisches« Flechtband rahmen das Feld mit den Kardinals- und Landeswappen; Islam und Christentum begegnen einander in diesem fremdländischen Textil und steigern sich zu prächtiger Wirkung.

Auch der Musik war Matthäus Lang besonders zugetan, er unterhielt eine stattliche Hofkapelle. In der »Abrede« zwischen ihm und einem »Musikus« wurde dieser mit »Ribeben [Geigen], pusaunen, pfeiffen, lauten und anderen Instrumenten in der Musiken, darauf er etwas khann« aufgenommen. Bei festlichen Essen spielte zuerst das »Positiv« (Orgel), dann »pfiffen die Zwerchpfeiffen«, zum Abschluß »kham die Chantarei [Sänger] und die mit den geigen«. Paul Hofhaymer (1459—1537), Orgelmeister und der größte Tonsetzer seiner Zeit (von dem Paracelsus sagte, er sei in der Orgel ein Künstler gewesen wie Albrecht Dürer in der Malerei), war von Kardinal Matthäus Lang an den Salzburger Hof berufen worden. In der Pfeiffergasse Nr. 18, unweit von Paracelsus' Salzburger Domizil, hatte der gebürtige Radstädter sein Haus, in dem er 1537, hochbejahrt, verschied.

Aus der langen Regierungszeit Matthäus Langs würde man eine entsprechende Bautätigkeit erwarten. Doch befand sich der Kardinal ab 1523 in größten politischen und finanziellen Schwierigkeiten. Aufständische besetzten die Stadt, Lang mußte Salzburg an der Spitze eines Söldnerheers erobern. 1525 brach die Empörung gegen den Landesfürsten erneut los, die Stadt wurde von den Aufständischen besetzt, Kardinal Lang auf der uneinnehmbaren Hohensalzburg drei Monate lang belagert. Erst gegen die Zahlung einer hohen Geldsumme war das Heer des Schwäbischen Bunds bereit, Matthäus Lang zu entsetzen. 1526 wurde ein weiterer Aufstand blutig niedergeworfen. Die Kosten, die Lang aus diesen Kriegen erwuchsen, waren riesig, sogar das Kirchensilber mußte eingeschmolzen werden, ein Großteil seiner Einkünfte war auf Jahre hinaus verpfändet.

1517 hatte Martin Luther seine Thesen an die Tür der Wittenberger Schloßkirche angeschlagen, und die neue Lehre fand auch in Salzburg, vor allem in den Gebirgsgauen, bei den Bauern und Bergknappen, rasch überzeugte Anhänger. Kardinal Lang, der der neuen Lehre nicht von vornherein ablehnend gegenüberstand, sah bald die Einheit seines

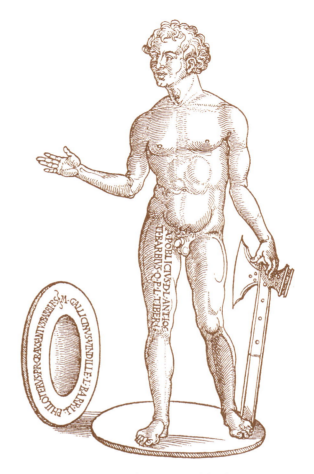

Der Jüngling vom Magdalensberg,
Holzschnitt von 1534

Erzbistums gefährdet und nahm deshalb eine immer härtere, unnachgiebigere Haltung gegenüber den Lutheranern ein. Martin Luthers Ordensoberen und Freund, den Augustinereremiten Johann Staupitz, berief er nach Salzburg. Nach dem Übertritt zum Benediktinerorden stand Staupitz bis zu seinem Tod dem Peterskloster als Abt vor (1522—1524). Diese Zeit war noch geprägt vor einer »breitgefächerten, lebendigen, zum Teil stürmischen, zum Teil konservativen evangelischen Katholizität, welche noch Denk- und Glaubensformen erlaubte, welche der späteren Konfessionalisierung nicht mehr standhalten konnten« (Heiko A. Obermann). In der Zeit der Gegenreformation ließ Abt Martin Hattinger (1584—1615) Staupitz' Schriften sowie Martin Luthers Briefe an ihn mitsamt den Büchern der Reformierten (die Staupitz für das Peterskloster angeschafft hatte), im Stiftshof verbrennen.

Das 16. Jahrhundert, eine Zeit, die besonders das Porträt, auch das »Porträt« einer Stadt, die »Vedute«, in den Mittelpunkt des künstlerischen Interesses stellte, hat in zwei übergroßen Stadtansichten (1553 und 1565) auch die Stadt Salzburg am Vorabend von Erzbischof Wolf Dietrichs umstürzenden Veränderungen festgehalten. Diese beiden großen Holzschnitte (bzw. die Nachzeichnung des Blatts von 1553) bilden neben der Stadtansicht in Hartmann Schedels »Weltchronik« (1492), die den Zustand Salzburgs in den Jahren um 1460 wiedergibt, die wichtigsten bildlichen Quellen für das mittelalterliche, vorbarocke Salzburg.

Salzburg zeigte auch noch gegen Ende des 16. Jahrhunderts ein deutlich mittelalterliches Gepräge, es gab kein Bauwerk, das in seinem Äußeren Bauideen der Renaissance deutlich repräsentiert hätte. Sogar der Arkadenhof des Bürgerspitals (ab 1556) verrät nur in der fast endlosen Reihung des immer gleichen Motivs der Arkade die neue Baugesinnung, in der bestimmte Einheiten durch ihre Wiederholung eine geometrischen Gesetzen verpflichtete Fassade konstituieren.

Die neue Lebenshaltung mag sich vielleicht in den dekorativen Künsten deutlicher gezeigt haben, in der Goldschmiedekunst etwa, die eine neue »Mode« schneller verarbeiten konnte. Sie mag auch in der Tafelmalerei sichtbar geworden sein und in der Form der Altaraufbauten. Erhalten ist der Marmoraltar des Hans Aßlinger, der, 1561 aufgestellt, um 1600 aus dem alten Dom in die Chorscheitelkapelle der Franziskanerkirche versetzt worden war.

Die Geisteshaltung der Renaissance spiegelte sich wohl vor allem in den Büchersammlungen der gebildeten Laien, dort konnte das neue Schrifttum oft eine fruchtbarere Wirkung entfalten als in den konservativen Ordensbibliotheken.

Die Stadtansicht von 1553 zeigt die Stadt als ein aus geschichtlichen Zufällen gewachsenes Konglomerat; als wirre Unordnung, als Labyrinth muß sie erscheinen, wenn man nach geraden Fluchten, nach regelmäßigen Platzgebilden Ausschau hält.

DIE »SONDERBARE BAULUST« EINES ERZBISCHOFS

Erst achtundzwanzig Jahre alt, wurde Wolf Dietrich von Raitenau 1587 mit der knappen Mehrheit von nur einer Stimme zum Erzbischof gewählt. Wolf Dietrich entstammte einem Vorarlberger Geschlecht aus Lochen am Bodensee; sein Vater war Obrist im Reichsheer, die Mutter, Helene von Ems, die Tochter einer Medici aus dem unbedeutenderen Mailänder Zweig dieser Familie. Diese Verwandtschaft mit den Medici hat Wolf Dietrich immer hervorgekehrt; außerdem zählten bedeutende Männer der Kirche zur Familie: die Kardinäle Karl Borromäus († 1584) und Marco Sittico d'Altemps († 1595) waren seine Onkel, der Medicipapst Pius IV. († 1565) war sein Großonkel gewesen. Wolf Dietrich studierte an der Universität Pavia und war Zögling des Collegium Germanicum in Rom, auch seine Erziehung und Ausbildung genoß er in dieser Stadt. Schon in jungen Jahren verschaffte ihm seine Verwandtschaft einträgliche Pfründen in Konstanz, Basel und Murbach, 1575 bereits erhielt er das Kanonikat in Salzburg. Die Eindrücke einer Reise nach Spanien und Frankreich, 1582/83, mögen manche spätere Entscheidung als Bauherr geprägt haben.

Wie uns sein Sekretär Johann Stainhauser berichtet, hat der junge Erzbischof ». . . vor Allen ein sonderlichen Lust zum Gepeu gehabt . . .«. Noch im Jahr seiner Wahl ließ er das Trompeterschlößl renovieren. Im Jahr darauf kaufte er Bürgerhäuser im Kaiviertel und begann mit der Errichtung des Neugebäudes (das hundert Jahre später mit dem Glockenspiel versehen wurde). Decken und Gewölbe aber gerieten zu niedrig, deshalb wurden sie mit den Stiegen auch gleich wieder abgebrochen ». . . und ist gleichsamb den Erzbischoven dises Gepeus ein Unlust ankummen, daß es in villen Sachen . . . unververtigt steckenblieben . . .« Ganz in der Nähe dieser »Neubauruine« geschah ähnliches. Der Chronist Stainhauser erbarmte sich der umgehackten »schönen, früchtigen Obstpaumb, so in dem . . . Garten gestanden«. Auch dieses Bauvorhaben stockte, der Garten blieb verwüstet. 1592 ließ Wolf Dietrich die Ringmauer um den Bischofshof (die gleichzeitig die Mauer des Domfriedhofs war) niederbrechen und näher beim Dom, im Verband mit einem auf Schwibbögen ruhenden Gang, wiederaufbauen, der die alte Residenz mit dem Neugebäude verband. Aber es ». . . hat jedoch der Erzbischoff (unbewüster Ursachen) ein Unlust daran gewunen und hat dasselbige Gepei . . . ganz und gar in Grunt niderlegen lassen . . .« Im Volk war deshalb »nit ein klaines Murmellen gewest«, hatten doch die Bürger zuerst mitansehen müssen, wie ihre Gräber umgegraben und wie die Gebeine ihrer Vorfahren in die Salzach geschüttet worden waren. Kaum hatten sie an diesem Gang unter großem Kostenaufwand neue Grabstätten errichtet, wurden diese auch schon wieder abgerissen. Der Friedhof lag daraufhin frei und verwüstet. Vier Jahre später wurde der Gang aber wiedererrichtet . . .

Den zum Alten Markt hin gelegenen Trakt der Residenz ließ Wolf Dietrich 1597 abbrechen, der Neubau aber blieb in den Anfängen stecken, erst Markus Sittikus sollte diese »Neubauruine« wegbrechen lassen. Den neuerrichteten Palast seines Bruders Hannibal, der an der Stelle des späteren Mozartplatzes stand, ließ er 1604, zur Verwunderung der Salzburger, abreißen — noch bis zu seinem erzwungenen Rücktritt 1612 sollte dort »alles auf dem Hauffen ligen« bleiben. Auch im Mirabellviertel hatte er in der Nähe von Schloß Altenau (später Schloß Mirabell), ein »Lustgepeu« angefangen zu bauen, mit dickem Gemäuer und Pfeilern — aber auch dieses Vorhaben blieb »also verwüest stecken«. Eine neue, steinerne Salzachbrücke gedieh nur bis zum ersten Joch, Wolf Dietrichs Absetzung verhinderte den Weiterbau, sein Nachfolger Markus Sittikus ließ das Begonnene wieder abbrechen. Auch ein Bau im Frauengarten (heute der Bezirk der Festspielhäuser und der alten Universität) »ist also stecken verblieben neben anderen gemainen Gepeien mehr, die alle zu erzellen unvernotten«. Das alles bedarf keines Kommentars — Erzbischof Wolf Dietrich hinterließ überall in der Stadt Schutthaufen und Bauruinen.

WOLF DIETRICH UND VINCENZO SCAMOZZI

1589, zwei Jahre nach seiner Wahl, ließ Wolf Dietrich an der südlichen Seitenschiffapside des alten Doms eine prunkvolle neue Sakristei mit einer über fünf Meter hohen monolithen Marmorsäule errichten, und noch 1596 baute er sich im alten Dom seine Grabkapelle, deren kostbare Einrichtung an die 100.000 Gulden verschlungen haben soll. Sein privates Oratorium lag im Südquerhaus und war durch einen Gang innerhalb des Doms mit der Residenz verbunden. In diesem Oratorium entstand in der Nacht des 11. Dezember 1598 ein Brand, der die Dächer des Doms zerstörte, das Innere der alten Kathedrale aber kaum in Mitleidenschaft zog. »Von wegen diser Prunst ist vil haimbliches Murmellen wider den Erzbischoven bei Reich und Armen herumbgangen . . . als solte er also fürsezlicher Weis . . . selbst ain Ursach gewest sein und der Prunst ein Anfenger gewesen sein.« Dieser schwere Verdacht trifft Wolf Dietrich wahrscheinlich zu Unrecht, hat er doch sogar noch versucht, die beschädigten Gewölbe zu restaurieren; der schwere Estrich, den man darüberlegte, und starker Regen brachten sie aber zum Einsturz. Im Jänner 1599 begann man die Altäre abzubrechen und die Bischofsgräber zu öffnen. Merkwürdig lange zogen sich diese Arbeiten hin. Erst sieben Jahre nach dem Brand — nachdem in der Zwischenzeit mit beispielloser Pietätslosigkeit die Bischofsgräber »ausgeräumt«, die Grabplatten vielfach zerschlagen worden waren — begann man 1606 mit dem Abbruch der Mauern der alten Kathedrale (nur die Glockengeschosse der Türme waren bereits 1599 demoliert worden).

1612, in dem Jahr, in dem Wolf Dietrich zum Rücktritt gezwungen und auf Hohensalzburg eingekerkert wurde, lagen im Boden die Grundfesten für einen Nord-Süd orien-

Türkonsole aus Vincenzo Scamozzis Architekturtraktat, 1615

tierten Neubau (seit 1611), dessen Fassade nach Norden gerichtet war. Arkaden hätten diese Fassade mit Residenz und Neugebäude verbinden sollen. Auch dieses Projekt hinterließ Wolf Dietrich als Torso, Markus Sittikus hat die Fundamente wieder herausreißen lassen und mit dem Bau des heute noch stehenden Solari-Doms begonnen.

Dem Nord-Süd orientierten Domprojekt waren umfangreiche Planungen und Planänderungen vorausgegangen. Der Architekt und Palladio-Schüler Vincenzo Scamozzi (1552—1616) aus Vicenza, ein wortreicher akademischer Spätmanierist, hatte einen riesigen Neubau geplant, der aber anscheinend nicht Wolf Dietrichs Gefallen fand. Im Winter 1603/04 (vielleicht aber auch schon 1599) hielt sich Scamozzi in Salzburg auf. Spätestens damals scheint er bestimmenden Einfluß auf Wolf Dietrichs Baumaßnahmen, die bis zu diesem Zeitpunkt eher plan- und ziellos erscheinen, genommen zu haben. Jedenfalls begann Wolf Dietrich 1604 mit dem Abbruch des Palastes seines Bruders Hannibal, der dem Blick vom Neugebäude auf Salzach und Kapuzinerberg wohl im Wege war.

Den Umbau des (bis dahin unfertig stehenden) Neugebäudes hat Scamozzi geplant, seinen Idealentwurf teilt er in seinem Architekturtraktat langatmig mit: »Zu Salzburg haben wir gleichwohl Anno 1604 angegeben wie der neue Pallast [Neugebäude] zu ergrössern . . . mit einem langen Gang gegen beide Eckhen, und einem andern forn an dem Saale herab in das Wasser die Salz [Salzach] zu sehen, und die gegen über liegenden grünen Hügel [Kapuzinerberg] . . .« (Grundregeln der Baukunst . . . III. Buch 8. Kap., deutsche Ausgabe, Nürnberg 1678). Im Herbst 1603 kaufte Wolf Dietrich zahlreiche Häuser, mit der Absicht, sie abreißen zu lassen; während seiner fünfundzwanzigjährigen Regierungszeit sollten es insgesamt immerhin 55 Häuser werden — ». . . damit seint die zimmer und herbergen sehr verteuert worden . . .«.

In diesem ganzen wirren Baugeschehen werden aber im Laufe der Jahre doch Ziele und planmäßiges Handeln erkennbar. Zweifellos hat Scamozzi (vielleicht schon vor 1603) die Planung der »Bischofstadt« übernommen. »Schneisen« und Plätze wurden in das mittelalterliche Häusergewirr geschlagen. Im Frauengarten, am neuen Steinbruch, entstanden die Hofstallungen (heute Großes Festspielhaus). Der an die Südseite der Franziskanerkirche angebaute Kreuzgang des Klosters mußte der neu entstandenen Gasse weichen. Eine zweite Ost-West gerichtete Verkehrsachse bildete sich auf diese Weise, die vom Bürgerspital, an Marstall und Franziskanerkirche entlang, bis zum Dom zieht, um sich über Domplatz und Kapitelgasse ins Kaiviertel fortzusetzen.

An der Stelle, wo das Domkloster stand, weitet sich der Kapitelplatz, der Domfriedhof mußte dem Residenzplatz weichen. Der Mozartplatz entstand durch den Abbruch des Hannibal-Palais und einer ganzen Zeile von Bürgerhäusern. Der Domplatz war im Norden bereits durch die neugebaute Residenz und im Westen durch den Arkadentrakt eingefaßt worden, der Garten »Dietrichsruh« (an der Nordseite der Franziskanerkirche) blieb unvollendet, die riesigen Pilaster an der Sigmund-Haffner-Gasse, im Volksmund »Steinerne Verlegenheit« genannt, zeugen davon. Die Kapitelhäuser, das Neugebäude, die Hofstallungen und die Residenztrakte an der Franziskanerkirche waren in der Altstadt die einzigen Bauten, die unter Wolf Dietrich tatsächlich fertiggestellt wurden.

Die Wohnungsnot wurde etwas gemildert, indem er das ehemals unbebaute Salzachgries bebauen ließ — die Griesgasse entstand. In der Neustadt hat er für die von ihm berufenen Kapuziner das Trompeterschlößl als Kloster ausbauen lassen und in der Gartenlandschaft vor den Mauern der Stadt für seine Geliebte Salome Alt das Lustschloß »Altenau« (später Mirabell) errichtet, ». . . aussen herumb, mit schönnen Gärten von allerlai Kreütlwerch, Paumbgewächs und Früchten geziert und versehen . . .«

Die Umgestaltung des Domfriedhofs in eine Platzanlage erforderte einen Ersatz: der im Stil eines italienischen »Campo Santo« konzipierte Sebastiansfriedhof sollte von nun an die Gräber der Bürger aufnehmen. Es berührt seltsam, daß Wolf Dietrich nur ein Jahr, nachdem er sich um eine hohe Summe im alten Dom eine Grabkapelle einrichten hatte lassen, mit dem Bau einer neuen Grabkapelle (Gabrielskapelle) in St. Sebastian begann (1597). Es ist wohl verständlich, daß ob seiner sprunghaft geführten Baumaßnahmen schon die Zeitgenossen aufs höchste verwundert waren.

GEOMETRIE ALS ORDNUNGSMACHT

Wolf Dietrichs Bautätigkeit ist schwer zu überblicken; eine exakte Chronologie ist fast unmöglich — denn kaum hatte er etwas begonnen, ließ er es wieder liegen, um irgendwann daran weiterzubauen. Dennoch lassen sich einige Grundzüge seiner Bauvorhaben feststellen: seine Vorliebe für den »Wegebau« (die Auffahrt zum Kapuzinerkloster, die Straße durch die Gstätten nach Mülln), für architektonisch gefaßte Straßen und Plätze, für Gänge und Schwibbögen. Die neuen Straßen und Wege spannten Verbindungslinien auf zwischen bisher beziehungslosen Teilen der Stadt, die ordnende Kraft geometrischer Strukturen bewirkte eine geometrische Klärung der »Unordnung« des alten Stadtbildes. Diese Wege und Straßen ermöglichten einen stärkeren Verkehrs-, einen als notwendig und befreiend empfundenen Bewegungsfluß. Die Schwibbögen (Franziskanerkloster, Mülln und der Verbindungsgang über den Domfriedhof) erscheinen wie »Brücken«; so wie man sich auf untiefem Grund von einem festen Punkt zum anderen »springend« fortbewegt, so spannen sich seine architektonischen Brücken im Stadtgebiet. Die von ihm erbauten Gebäudetrakte (an der Franziskanerkirche) sind schmal, »gangartig«, stehen auf Pfeilerarkaden, haben »Brückencharakter«. Auch das Brückenmotiv der Dombögen geht wohl auf jene Verbindungsarkaden zurück, die das Nord-Süd-Projekt des Doms mit den anderen Gebäuden verbinden sollten.

Wolf Dietrich schwankte in seinen Bauunternehmungen

Der Domplatz, Kupferstich von Karl Remshard nach Franz Anton Danreiter, um 1735

ständig zwischen Hektik und Apathie (seiner »Unlust«). Er muß die Gefahr der »acedia«, der Betäubung und Melancholie, in der die »Quellen des Geistes« vertrocknen und die von dieser Stadt, ihrer bodenlosen, mulmigen »Natur« ausging, deutlich gespürt haben. Dieser Gefahr des Ordnungsverlusts, des »Versinkens«, begegnete er mit dem Entwurf seiner Utopie einer neuen Stadt; das Aufspannen geometrischer Strukturen, die perspektivische Raumerschließung, sollte die wirre Unordnung »durchsichtig« machen. Er (oder Scamozzi? — als man dem Erzbischof Vorhaltungen machte, doch nicht den ehrwürdigen Dom »Virgils« zu zerstören, soll er bloß geantwortet haben: »Ach was, Virgilius — Maurer haben ihn gebaut«) legte jedoch keine langen Raumachsen durch die Stadt, es fehlte damals noch die Sicherheit der endlosen, dynamisch-strömenden Geraden, die später ein Kennzeichen des Barocks werden sollten. Die Fluchten sind »gebrochen«, sind versetzt oder stoßen in Winkeln aneinander. Es sind in sich geschlossene Einheiten, die sich wie Glieder einer Kette aneinanderhängen.

Auch im Charakter der Plätze wird spezifisch »Salzburgisches« spürbar; sie sind umstanden von glatten und unplastischen Flächen. Die geschlossene Wand dominiert, die Mönchsbergwand und ihr Verhältnis zur Stadt findet sich hier, in den Plätzen, nachgebildet. Die Fassaden der Wolf-Dietrich-Zeit (Neugebäude, Arkadentrakt am Domplatz) sind vollkommen unplastisch, karg, ihr Aufriß steht noch der Zeichnung auf dem Zeichenbrett nahe, wirkt wie eine Projektion. Es fehlt ihnen an »Körper«, an Schwere, wie dünne Tafeln sind sie aneinandergefügt. Die Körperlosigkeit dieser Fassaden, ihr unpersönlicher Ernst, ihre gezüchtete Strenge, hängen zusammen mit einem perspektivisch vorstellenden Tun, das dem »Versinken in Melancholie und Trägheit« vorbeugen kann.

Künstlerisches Tun kann im »Aufdecken« von in der Natur Vorgegebenem bestehen oder aber im bewußten Gegenwurf dazu. Wolf Dietrich hat, mit Scamozzis Hilfe, seine Utopie einer neuen Stadt der »bodenlosen« Natur Salzburgs gewaltsam und rigoros als formales Regulativ entgegengesetzt. In

Steinbock und Löwe,
Markus Sittikus' und des Erzstifts Wappen

rich war kein guter Reiter. Auf der Flucht aus Salzburg (im Oktober 1611) mußte er wegen »Anschwellung der Schenkel« in Radstadt und im Lungau jeweils einen Tag pausieren. Ohne diese Aufenthalte hätten ihn die vom Bayernherzog nachgeschickten Truppen wohl nie gefangennehmen können.

Wolf Dietrichs Ende ist kurz erzählt. Um das Salz des Dürrnbergs und Berchtesgadens kam es zum »Salzkrieg« mit dem Bayernherzog Maximilian I. Die Bayern hatten sich schon immer als Vormund Salzburgs aufgespielt, Wolf Dietrichs Besetzung von Berchtesgaden gab ihnen endlich Anlaß, mit militärischen Mitteln im Erzbistum zu intervenieren. Der »Große Kurfürst« Maximilian I., ein sittenstrenger Jesuitenzögling und eine »Herrschernatur von mönchischem Ernst«, hatte die Regentschaft Wolf Dietrichs immer schon mit scheelen Augen beobachtet. Er mißbilligte dessen »Familienleben« und war höchst ergrimmt darüber, daß die in Bayern so mächtigen Jesuiten bisher mit Erfolg vom Erzbistum ferngehalten worden waren. Außerdem war Wolf Dietrich nicht der Katholischen Liga (1609) beigetreten, die Neutralitätspolitik des Salzburger Erzbischofs sah er als Verrat an der katholischen Einheit an. Als Maximilian nun gegen die Stadt Salzburg vorrückte, floh Wolf Dietrich Hals über Kopf, wurde ergriffen und nach seiner Resignation 1612 bis zu seinem Tod 1617 auf Hohensalzburg gefangengehalten.

STEINBOCK UND LÖWE

Erzbischof Markus Sittikus von Hohenems (1612—1619) war der Cousin Wolf Dietrichs und wie dieser in Italien erzogen worden. Nach dessen Wahl zum Erzbischof folgte er ihm 1589 im Salzburger Kanonikat. Das Verhältnis der beiden wurde als kühl bezeichnet. Markus Sittikus scheint Wolf Dietrichs Auseinandersetzung mit dem bayerischen Kurfürsten mit Interesse beobachtet zu haben — denn bereits achtzehn Tage nach dessen Flucht war er in Salzburg. Mit großer Mehrheit wurde er vom Domkapitel zum Nachfolger gewählt. Er trat kein leichtes Erbe an; der bayerische Kurfürst verlangte die Bezahlung der Kriegskosten, den Beitritt zur Katholischen Liga und forderte außerdem, er solle sich aller überflüssigen Hofhaltung enthalten. War Wolf Dietrich zunächst Gefangener des Papstes auf Hohensalzburg gewesen, so mußte nach seiner Wahl Markus Sittikus die Verantwortung für die Gefangenschaft seines Vorgängers tragen. Bis zum Tode Wolf Dietrichs lebte er in ständiger Furcht vor Umstürzen, er hat seinen Cousin nur um zwei Jahre überlebt.

einer bewußten Setzung hat er sie dem unmerklichen und ungeplanten Lauf der Geschichte entrissen und ihrer weiteren Entwicklung die Richtung gewiesen.

Wolf Dietrich wird in Salzburg gerne als »Renaissancefürst« apostrophiert, doch war diese Epoche schon längst vorüber. Die tiefgehende geistige Erneuerung, die man mit dieser Zeit verbindet, hat in Salzburg nie stattgefunden. Wolf Dietrich war einfach ein absolutistischer Herrscher, der seinen »Machiavell« wohl gut kannte (aus Machiavellis »Der Fürst« hatte er sich sogar einige Kapitel abgeschrieben). Seinen persönlichen Leidenschaften errichtete er Paläste — der Dom hatte zu warten; das Schloß für Salome Alt (Mirabell) war in wenigen Jahren fertiggestellt, ebenso der luxuriöse Marstall für seine »Feuerrösser«. Das Pferd war das Symbol der Leidenschaft; den Pferdebändiger als Zeichen der Klugheit, die die Leidenschaft beherrscht, hat erst Erzbischof Ernst Thun »denkmalwürdig« gemacht. Aber auch seine edlen Rösser hatten nur symbolische Bedeutung, denn Wolf Diet-

Noch im Jahr seiner Wahl berief er Santino Solari (1576—1646), einen Oberitaliener aus dem Intelvi-Tal am Comosee, zum Dombaumeister, 1614 wurde der Grundstein für den heute noch stehenden Bau gelegt. Der Neubau war bis zum Dachansatz gediehen, als Markus Sittikus 1619 starb, »kaum zum Dache gelangt, mußte der Fürst schon in die Grube steigen«, sagt seine Grabinschrift.

Markus Sittikus' Persönlichkeit mußte in der Geschichtsschreibung notwendig verblassen, als Nachfolger Wolf Dietrichs haben seine pragmatischen Entscheidungen kaum Bewunderer gefunden. Es kommt aber gerade ihm das Verdienst zu, Santino Solari berufen zu haben. Markus Sittikus hat Wolf Dietrichs hektische Bautätigkeit in ein planvolles Geschehen verwandelt, wobei er sich freilich an die Vision seines Vorgängers gebunden fühlte (das konnte ihm nur eine Zeit, die dem Geniekult huldigte, als Schwäche auslegen). Sein Nachfolger Paris Lodron regierte das Erzstift vierunddreißig Jahre lang, Markus Sittikus blieben nur sieben Jahre, um die Stadt und die Finanzen zu ordnen. Der Katholischen Liga trat er nie bei, mit dem Hinweis auf den Dombau gelang es ihm sogar, die Reparationszahlungen hinauszuschieben. Als kluger Taktiker war er Wolf Dietrich wohl überlegen. Er und Solari müssen als die Schöpfer des Doms gelten, den Paris Lodron ohne Planänderung nur vollendet hat.

Markus Sittikus ist auch der Erbauer von Hellbrunn, jener einzigartigen Garten- und Schloßanlage, mit der er den italienischen Typus der »Villa suburbana« in den Norden verpflanzte. Und schließlich war er es auch, der zum ersten Mal nördlich der Alpen italienische Opern aufführen ließ. Sogar als den Gründer der Salzburger Universität muß man ihn ansprechen, für die er statt der in Bayern so einflußreichen Jesuiten Benediktiner als Lehrer berief. Weil es zuwenige Hörer gab, wurde diese neue Schule vorerst nur als Gymnasium geführt (auch in diesem Fall also sollte Paris Lodron durch die formelle Gründung der Universität, 1622, nur das Projekt des Markus Sittikus fortführen).

WASSER, MUSIK UND MELANCHOLIE

Im Frühjahr nach seiner Wahl, 1613, begann Markus Sittikus im Süden von Salzburg, am quellreichen Hellbrunner Berg, mit dem Bau der Garten- und Schloßanlage Hellbrunn. Als leitenden Architekten vermutet man wohl zu Recht den Dombaumeister Santino Solari. Italienische Bildhauer schufen, in Zusammenarbeit mit einheimischen Kräften, den Skulpturenschmuck des Gartens; nach nur zwei Jahren war die Anlage fertiggestellt.

Mechanische Figuren mit Orgelwerken,
nach Athanasius Kircher, 1650

Hellbrunn hat seinen manieristisch-frühbarocken Charakter weitgehend bewahrt; abgesehen von kleineren Veränderungen ist die Gartenanlage von Eingriffen des Barocks und der Romantik verschont geblieben.

Für das Erlebnis dieses Gartens ist die Hinfahrt durch die Hellbrunner Allee ein notwendiges Vorspiel. Schnurgerade zieht sie vom Nonntal nach Süden, von kleinen Schlößchen gesäumt — hier hat sich der Salzburger Adel seine Ansitze gebaut. Schloß Emsburg ließ Markus Sittikus für seine Geliebte, Frau Barbara von Mabon, errichten, Emslieb bewohnte ein mißratener Neffe des Erzbischofs.

Lange weiß man nicht, wohin die Reise geht, denn die Allee zielt an Schloß Hellbrunn vorbei; erst ganz am Ende — nach einer scharfen Kurve — steht plötzlich und unvermittelt der Schloßprospekt vor dem Ankommenden. Dieses manieristische Prinzip der »Überraschung« ist ein Leitmotiv der gesamten Anlage.

Im Ehrenhof, in der Grotte unter der Freitreppe zum Haupteingang, wird ein anderes Thema Hellbrunns angeschlagen: Bacchus in Gestalt eines Wassergottes mit zwei Steinböcken — den Wappentieren des Erzbischofs. Hellbrunn ist ein »Lustort« am Wasser, den Bacchus beherrscht, hier verfließt die Zeit bei kurzweiligem Treiben, so wie das fließende Wasser (hinten im Garten) in die verschiedensten Formen verwandelt wird.

Dieser »Lustort« diente der »Therapie der Zerstreuung«. Denn die Melancholie war damals eine mondäne, verbreitete Krankheit und die »Natur« der Stadt Salzburg tat das Ihre dazu. Die Ärzte empfahlen gegen diese Apathie des Geistes, gegen die Gefahr der »bleifarbenen«, lähmenden Trübsal, luftige Wohnung, leichten Wein, angenehme Gespräche und vor allem Musik. Öffnet doch die Musik (nach damaliger Meinung) die »Luftlöcher« = Poren des Körpers, durch die die bösen Geister entweichen und die Lebensgeister einströmen können.

Der Steinbock in der Grotte erinnert an den Bauherrn, im Tierkreis gehört er zu den Wasserzeichen, zum Feuchten, und mit den Wald- und Wasserdämonen findet er sich im Gefolge des Bacchus. Nach ihm ist das alte Spiel, die Tragödie, als »Lied der Böcke« (griechisch trágos = Bock) benannt. Hellbrunn war auch der Ort gespielten und (in den Skulpturen) »versteinerten« Theaters. Markus Sittikus, ein »sonderbarer Liebhaber von Aufzügen und Mummereien«, hatte die neue italienische Kunst des »Dramma per musica«, die Oper also, nach Salzburg gebracht. In diesen Stücken waren dramatische Dichtung, musikalisches Geschehen und szenische Darstellung zu einem theatralischen Ganzen zusammengeschlossen worden. Aus den Jahren 1618 und 1619 sind Aufführungen der italienischen Opern »Orfeo«, »Perseo« und »Andromeda« überliefert. Auch wenn für diesen »Orfeo« Claudio Monteverdi als Komponist nicht gesichert ist, waren doch diese Darbietungen die ersten Aufführungen italienischer Opern auf deutschem Boden, der Salzburger Hof war zum Bahnbrecher romanischer Theaterkultur in Deutschland geworden. Das »Steintheater« auf dem Hellbrunner Berg — Markus Sittikus hat hier einen Steinbruch in eine romantische Naturbühne verwandelt — war vielleicht Aufführungsort dieser Spiele. Diese musikdramatischen Werke im neuen »stile rappresentativo« hatten die alte, fließende und ungeformte Einheit von Spielern und Publikum aufgehoben. Durch das distanzierte Gegenüber von Zuschauern und Bühne wurde das mythische Geschehen ins Unwirkliche und Magische gehoben — das Spiel wurde »bildmäßig« und konnte in Skulpturengruppen und theatralischen Arrangements festgehalten werden. Es ist sicher, daß einige der mythologischen Figuren des »Wassergartens« von der Theaterleidenschaft des Erzbischofs inspiriert wurden.

Hinter dem Schloß, bei den Grotten, Wasserautomaten und Wasserkünsten, liegen die stillen Weiher; sieht man auf ihrem Grund die glänzenden Wohnungen der Wasserdämonen oder spiegelt sich nur das Lustgebäude in ihnen? Der Besucher ist dem ständigen Wechsel von Schreck und Heiterkeit ausgesetzt, ebenso dem Wechsel von Licht und Schatten, wenn er aus den dunklen Höhlen an die Sonne flüchtet. Doch auch im Freien kommt er nicht zur Ruhe, gerät er doch unvermutet in einen neuen Wasserguß und wird in Bewegung gehalten. Melancholisch stimmende Orte gibt es genug — die Quellen und Grotten, in denen Neptun herrscht oder Orpheus singt, wo Steinböcke aus dem Wasser tauchen. Es galt als gefährlich, an Quellen, den Eingängen zur Unterwelt, einzuschlafen — dies verhindern hier die Wasserscherze, die wie die Wasserdämonen launisch, boshaft und verschlagen sind, immer bereit zu Trug und List. Sogar der von Wein und Schlaf übermannte Zecher wird keine Ruhe finden, ruft ihn doch der Wasserstrahl aus seinem Schemel sofort in die Gegenwart zurück. Die Wasserkünste verhindern das Erstarren der Sinne und lösen sie zum befreienden Lachen.

»Künstliches Leben« oder »lebende Bilder« vermochte die Kunst der Wasserautomaten vor die staunenden Augen zu zaubern. Das aber waren kostspielige Freuden, der Barockdichter Johann Jakob Christoph von Grimmelshausen warnte vor der Verwirklichung solcher Träume: »Willst du aber den Augen auch neben den Ohren eine Extraordinari verwunderliche Ergetzung machen, wie bey den Comodien zu geschehen pflegt, so lasse dir Athanasii Kircheri seltzame Erfindungen in Natura zurichten, welches dir den Beutel mehr räumen als Schmaltz auf die Suppe schaffen wird...« (Das Rathstübl Plutonis oder Kunst, reich zu werden..., Nürnberg 1672).

Wie kostspielig diese »Werkln« tatsächlich sein konnten, mußte Erzbischof Andreas Jakob Dietrichstein (1747 bis 1753) erfahren, als er das »Mechanische Theater«, einen durch 256 bewegliche Figuren belebten Stadtprospekt in Auftrag gab. Es kostete schließlich das Dreifache der vorgesehenen Summe, der »Mechaniker« mußte gar interniert werden, um das Werk nach Jahren zu einem Ende zu bringen.

Die Befestigungen im Mirabellviertel, Kupferstich von Philipp Harpff, 1643

SALZ — DAS GEHEIMNIS DER VERBINDUNG

Im Festsaal von Schloß Hellbrunn, den Donato Mascagni (Fra Arsenio) mit illusionistischen Fresken ausgemalt hat, erscheint ein Motto, unter dem die Regierung Markus Sittikus' stand: »Numen vel dissita jungit« — »Eine göttliche Macht verbindet sogar das Entgegengesetzte«. Steinbock und Löwe, das Wappentier des Hohenemsers und das des Erzbistums, umarmen einander und illustrieren den Spruch heraldisch. Aber auch als alchimistische Allegorie, als »Mysterium coniunctionis«, als »Geheimnis der Verbindung«, kann man das Wappenbild lesen, denn im Tierkreis liegen diese beiden Sternbilder des Feuchten (Steinbock) und des Trockenen (Löwe) einander genau gegenüber — niemals können sie in Konjunktion treten. Nur christlich-alchimistische Mystik vermag sie zu verbinden: »Zwei Elemente, die eine unerbittliche Feindschaft zwischen sich schüren, finden sich *in wunderbarem Bunde im Salz*. Das Salz nämlich ist ganz Feuer und ganz Wasser« (Filippo Picinello, Mundus Symbolicus Lib. XII cap. XXVII, 260). Salz, Salz-Burg hat diesen unmöglich scheinenden Bund gestiftet; das Salz aber galt auch als »lapis«, als »Stein der Weisen«, der eine alchimistische Parallele für Christus war.

Das Wesen alchimistischen Denkens war es, Dinge aus gegebenen Zusammenhängen zu lösen und zu neuen, nie gesehenen Verbindungen zu vereinen. Diese »Lust zur Umwandlung« war dem ganzen Zeitalter eigen, die Alchimisten bildeten darin nur eine spezialisierte Gruppe, die den geheimnisvollen Vorgängen bei der Verwandlung berufsmäßig nachspürte. Markus Sittikus' »Verwandlungen«, seine Maskeraden, seine Vorliebe für Automaten (tote Maschinen, durch geisterhafte Bewegungen zum Leben verwandelt), seine Umwandlung von Natur in Kultur am Steintheater, waren die naive, höfische Seite dieser »Verwandlungslust«.

PARIS LODRON — »VATER DES VATERLANDES«

Erzbischof Paris Lodron (1619—1653) hat durch kluge Neutralitätspolitik das geistliche Fürstentum Salzburg aus dem Dreißigjährigen Krieg (1618—1648) heraushalten können; aus Dank für die Friedensperiode unter seiner Regierung haben ihm die Salzburger 1650 den altrömischen Ehrentitel »pater patriae« verliehen. Auch er wollte den von den Bayern vehement geforderten Beitritt zur Katholischen Liga nicht vollziehen, nur durch ein Truppenkontingent unterstützte Salzburg die katholischen Fürsten.

Der Weiterbau des Doms ging nur langsam vor sich, denn Paris Lodron sah die Befestigung der Stadt als die von der Zeit geforderte, vordringliche Aufgabe an; Salzburg war »bis dahin gleichsam ein offenes Dorf gewest«. Die Stadtmauer der Altstadt (vom Nonnberg bis zum Klausentor) wurde erneuert und verstärkt, die Hohensalzburg erhielt neue Sperrwerke, und auch der Mönchsberg war, vor allem in Mülln, befestigt worden. Der Kapuzinerberg erhielt einen Mauerkranz, das Franziskischlößl diente der Wachmannschaft als Unterkunft. Die umfangreichsten Wehrbauten aber waren im Mirabellviertel notwendig, denn hier hatte die Stadt keinen natürlichen Schutz, hier war ihre verwundbarste Seite. Santino Solari, der Dombaumeister, diente dem Erzbischof auch als Festungsingenieur. Vom Kapuzinerberg bis zur Salzach legte er einen Mauerring um das Mirabellviertel, der in der damals modernsten »Manier«

aus Bastionen, Ravelins und Kurtinen komponiert war. Festungsbau war in jener Zeit eine der Geometrie verwandte Form der angewandten Mathematik, und die abstrakte mathematische Regel beherrschte die fortifikatorische Literatur. An den Stellen Salzburgs, an denen sich »die Natur nicht nach der Kunst richtete«, behalf man sich mit vergleichsweise einfachen Mauerzügen, die nur dem Gelände folgen — die Befestigungskunst mußte sich der Natur anpassen. Im flachen Mirabellviertel aber konnte sich die ganze Kunst der »Regularfestung«, eine geometrische und utopische, von der militärischen und ökonomischen Realität weit entfernte Planung, in ihrer ganzen geometrischen Irrationalität »ausleben«. Diese nach komplizierten »Manieren« komponierten Regularfestungen waren eher eine Geste der Wehrbereitschaft, ein Bild »stacheliger« Abwehr, denn wirklicher, praktischer Schutz. Die Schar der Heiligen wurde denn auch zusätzlich aufgeboten, um den Schutzwall diesen Vorkämpfern der Kirche zu unterstellen; jedes Stadttor stand unter dem Schutz eines Heiligen nach dem Motto: »Wo Gott die Stadt nicht selbst bewacht, da ist umsonst des Wächters Macht« (Daniel Speckle, Architectura von Vestungen, 1589). Salzburg blieb die Erprobung dieser Anlage Gott sei Dank erspart.

DER SOLARI-DOM

Mit einem acht Tage währenden rauschenden Fest, wie es Salzburg noch nie gesehen hatte, wurde der Dom 1628 feierlich eingeweiht. Während in Deutschland der Dreißigjährige Krieg wütete, Schrecken, Armut, Hunger und Tod nicht enden wollten, feierte Salzburg mit Feuerwerken, offenen Schenken und freier Speisung der Bevölkerung. In einem Umzug durch zahlreiche Ehrenpforten wurden die Reliquien der Landesheiligen Rupert und Virgil in die neue Metropolitankirche übertragen. »Die Barockzeit konnte eben noch Feste feiern, gegenüber denen sich die unserer Zeit armselig ausnehmen, wo ein paar Fahnen die Freude markieren und die Allgemeinheit durch gespannte Seile und Eintrittskarten abgehalten wird.« (Franz Martin)
Die wuchtigen, finsteren Mauern des Solari-Doms lassen an eine Burg — eine Gottesburg — denken. Sieht man von der Fassade ab, fühlt man sich an Mittelalterliches erinnert, an massige Mauern mit schmucklos eingeschnittenen Fenstern, an dunkle Gewölbe. Der Stein, der gewachsene Fels, Mönchsberger Nagelfluh, dominiert. Die »Rustika« der Quadern, die »opera di natura«, ist ein Symbol für die ursprünglichen Kräfte der Erde — in diesen Quaderwänden ersteht der Mönchsbergfels mit seinen Höhlenkirchen durch die Mittel der Kunst und wird geadelt durch die vorgestellte Marmorfassade. So modern dieser Dom auch war, so ist doch auch er, wie vieles in Salzburg, stark von den örtlichen Traditionen geprägt. Zum einen war es ja das mittelalterliche Münster, dessen düsterer Erscheinung Solaris Mauern folgen, und zum andern ist der Mönchsbergfelsen mit den alten Kapellenhöhlen ein immer wieder variiertes Thema. Der »Geist des Mittelalters«, der (von der Fassade abgesehen) aus diesem Bauwerk spricht, seine fast »protestantische« Einfachheit, ist Absicht, entspricht einem Programm. Die Gegenreformation, die Rekatholisierung der Kirche, hatte auf dem Konzil von Trient (1545—1563) ihr geistiges Programm erhalten, und im Gegensatz zu den Protestanten griff die katholische Kirche auf die mittelalterlich-scholastischen Dogmen zurück. Möglichst weite Haupträume aus einem Stück wurden für die neuen Gotteshäuser gefordert, durch die Magie des Lichts sollten Stimmungen erzeugt werden.

Die marmorne Fassade ist dem Baukörper wie ein Schmuckstück nur vorgeblendet und wirkt wie die kostbare Fassung einer ehrwürdigen Reliquie. Fassade und Baukörper sind nicht als organische Einheit im architektonischen Sinn konzipiert, der Dom ist ein Konglomerat aus gedanklichen Konzepten. Die Fassade erscheint als eine »Triumphwand«, vergleichbar jenen Ehrenpforten aus Holz und Leinwand, durch die die Prozession bei der Weihe zog. Der Marmor gibt ihr die Dauer, die Verbindung mit dem dahinterliegenden Kirchenraum läßt die Gläubigen immer wieder diese Schauwand passieren, die die Erneuerung des Glaubens feierlich verspricht.

Das Langhaus ist ein in dämmriges Licht getauchter, tonnengewölbter, weiter »Kapellensaal«, der in einen lichtdurchfluteten, überkuppelten Dreikonchenbau mündet. Während das Langhaus nur indirektes Licht erhält, durchbrechen 43 Fenster die Mauern des Kleeblattchors und bewirken strahlende Helligkeit. Die Schrägen der Fensterlaibungen sind besonders betont, um das »Eindringen« des Lichts anschaulich werden zu lassen, nach den Worten Gregors des Großen (590—604): »In den abgeschrägten Fenstern ist jener Teil, durch den das Licht eintritt, eng, aber der innere Teil, der das Licht aufnimmt, ist weit ... Und so sind denn auch die Fenster so geöffnet und gemauert, daß die Gnade in die Herzen aller einziehen kann, die sich ihr öffnen ...«

EIN PATRON DER EDLEN BAU- UND WASSERKUNST

Auch Erzbischof Guidobald Graf Thun (1654—1668) hat entscheidend zur Verwirklichung von Wolf Dietrichs Vision eines »Deutschen Rom« beigetragen. Er war »ein wolgeneigter Liebhaber und besonders großer Patron der ädlen Bau- und Wasserkunst«. Dem Domplatz gab er durch die »Galerie« im Süden und die marmornen »Brücken« der Dombögen jene innenräumliche intime Geschlossenheit, die ihn zum »Atrium« des Doms hat werden lassen. Der Charakter dieses Platzes schwankt zwischen sakraler und »nur« festlicher Bestimmung, er ist tatsächlich der ideale Ort für die Aufführung des »Jedermann«, des »Spiels vom Leben und Sterben des reichen Mannes«, in dem Profanes und Sakrales ineinander übergehen.

Die Vollendung der Domfassade durch das Aufsetzen der oktogonalen Turmabschlüsse, 1655, und den Bau der Dombögen feiert eine Gratulationsschrift mit folgenden Worten: »Vollendet in der Höhe ist die Basilika zu sehen, mit Marmorwerk hat er sie mit dem Palast zu beiden Seiten verbunden . . . das Heiligtum und die fürstliche Residenz sind ein Haus.« Als Architekt der Dombögen wird Giovanni Antonio Dario (der wie Solari aus dem Intelvi-Tal am Comosee stammte) vermutet. Häupter »wilder Pferde« schmücken die Bogenscheitel, Adlerprotomen die Fensterrahmen, sie sind eine Allusion auf Guidobalds Wappentiere Einhorn und Adler.

Salzburg ist eine Stadt, in der man vom Strom der Zeit abgelagert wird wie Schwemmsand oder Schotter am Flußufer — die Zeit reißt hier niemanden mit. Manchmal aber entsteigen Wasserwesen den Fluten und dem nassen, untiefen Grund, um die Stadt an ihre Ursprünge zu erinnern. Der »Wilde Mann« auf dem Brunnen in der Hofstallgasse, den die Bürger 1620 am Gries, am schottrigen Salzachufer, als Fischkalter errichten ließen, ist wohl als Flußgott mit triefendem Haar der Salzach entstiegen und wurde gezähmt zum Wappenhalter der Stadt. Ein weissagender Flußgott hat den Menschen hier auch die Salzlagerstätten verraten, es muß das in einer lange zurückliegenden Zeit gewesen sein, als die Salzach noch ihren alten, vorgeschichtlichen Namen »Ivarus« trug.

Schnaubende Meerrösser entspringen den nassen Klüften des Residenzbrunnens, Schlangen und Kröten, »Wassergewürm« belebt das Gestein, auf dessen amorphem Haufen urtümliche, felsverwachsene Riesen eine schöne, kristallhaft-streng geschnittene Schale tragen. Delphine, herbeigekommen, um der Musik der Menschen zu lauschen, balancieren darin eine Muschelschale, ein Triton läßt aus dem Muschelhorn die ruhmverkündende Fontäne steigen. Dieser »hochberühmte Salzburgische Spring- und Wasserbrunnen« wurde in den Jahren 1656—1661 errichtet. Tommaso Garuo Allio könnte der Künstler gewesen sein — er stammte aus Scaria im Intelvi-Tal und war der Schwager des Dario (sein Aufenthalt in Salzburg in den Jahren 1656—1658 ist nachgewiesen. Später war er wieder in Italien tätig, vor 1676 ist er gestorben.)

Die fünfziger Jahre unseres Jahrhunderts haben um den kreuzförmig getreppten Grundriß des Brunnens ein Plattenkorsett gelegt. Diese zwölfeckige »Grundplatte« isoliert den Brunnen vom Kiesboden, beraubt ihn seiner Verbindung zum schottrigen Untergrund, das kreuzförmige »Ausbrechen« der Pferde in die vier Richtungen das Platzes erstarrt so zu harmlosem Schnauben.

Das gesamte Baugeschehen des 17. Jahrhunderts beherrschten Italiener; Elia Castello (Gabrielskapelle), Andrea Bertoletti (Sebastiansfriedhof), Vincenzo Scamozzi, Santino Solari, Giovanni Antonio Dario, Tommaso Garuo Allio und Gaspare Zuccalli (St. Erhard, St. Kajetan) sind nur die wichtigsten der italienischen Architekten, Maurer und Stukkateure, die in Salzburg arbeiteten. Es war das das Jahrhundert der »Welschen«, die nicht nur in Salzburg den Ton angaben; die »Austro-Italiener« prägten das Baugeschehen auch in den habsburgischen Ländern. Nicht alle in Salzburg tätigen waren herausragende Künstlerpersönlichkeiten, aber die Idee des über Generationen wirkenden Gesamtkunstwerks der Bischofsstadt gab auch den Schwächeren Halt.

FISCHER VON ERLACH UND SALZBURG

Im Jahr 1687 wurde Johann Ernst Thun (1687—1709) zum Erzbischof gewählt. Er war allem »Welschen« abhold. Sofort entließ er Gaspare Zuccalli, obwohl dessen Kajetanerkirche noch gar nicht vollendet war. Auch an »welschen« Maurern bestand nun kein Bedarf mehr, nur die italienischen Stukkateure wurden weiter beschäftigt, für ihre Kunstfertigkeit fand sich nicht so schnell Ersatz. Ernst Thun verfolgte eine italienfeindliche Kunstpolitik — »sein Mann« sollte ein Österreicher, der junge Johann Bernhard Fischer, sein.

Wie ist dieser Gesinnungswandel zu erklären, der nicht nur in Salzburg, sondern im ganzen Reich die Zeit der italienischen Baumeister beendete? Mit dem Sieg über die Türken, 1683, war ein neues Reichsbewußtsein erwacht. Der siegreiche Abwehrkampf und das Zurückdrängen der Türken

Die Kollegienkirche,
Kupferstich nach Aemilian Rösch, um 1707

auf den Balkan stärkten das Verlangen nach ruhmrediger Selbstdarstellung, die »deutsche« Partei am Hof zu Wien gewann größten Einfluß. Wenn bis um 1680 fürstliche Hofhaltung ihren Ausdruck nicht in programmatischer Architektur suchte, die bis dahin nur angemessenes Gehäuse, nur Hintergrund war, so vollzog sich jetzt die entscheidende Wende zum symbolischen, abbildenden Charakter der Baukunst. Diese Aufgabe aber konnten die italienischen Baumeister nicht mehr leisten, dazu bedurfte es Architekten, die mehr als eine »architektonische Manier« zu geben vermochten, die ihr Können in den Dienst dieses neuen geistigen Klimas stellten. Aus einer Synthese der großen italienischen und französischen Architektursysteme, deren Ahnen die historischen (vor allem die antiken) Architekturen waren, und aus einer Besinnung auf die eigenen Bautraditionen erwuchs die Architektur des Hochbarocks. Fischer von Erlach war der Mann, der diese Synthese als erster formulierte, er vollzog die entscheidende Stilwende vom austroitalienischen zum österreichischen Barock, er begründete den »Kaiserstil«, der bis 1740 die Architektur der deutschsprachigen Länder beherrschen sollte. In seinen Salzburger Kirchenbauten und im Altar der Franziskanerkirche haben sich zum ersten Mal die theologischen Wurzeln des neuen Sakralbaustils architektonisch manifestiert.

Als Johann Bernhard Fischer (den Adelstitel »von Erlach« erhielt er erst 1696) in den Jahren kurz vor 1690 vom gerade erwählten Erzbischof Johann Ernst Thun beauftragt wurde, »Ihro hochfürstlichen Gnaden bey Ihren gepeuen mit guthem rat an Hand zu gehen«, war zwar das Gerüst der Stadtentwicklung bereits vorgegeben, doch leistete Fischer in den etwa zwanzig Jahren, in denen er für Salzburg tätig war, mehr als die bloße Bebauung noch im Stadtbild verbliebener Lücken.

Die Verkehrsachsen und die beherrschenden Sakralbauten lagen bisher parallel zum Fluß. Durch die Drehung der Kollegienkirche um neunzig Grad zu dieser traditionellen Ausrichtung gelang Fischer ein neuer, entscheidender Akzent im Prospekt der Stadt. Die Kuppel der Universitätskirche ist gleichsam der Drehpunkt, der die Achse zum Dom aufnimmt und sie durch die nach Norden gerichtete Fassade hinüber zur Neustadt lenkt. Dort antwortet ein Bau — gleichfalls von Fischer — der Klosterkomplex der Dreifaltigkeitskirche mit dem Priesterhaus. Diese Bezüge, dieses Gegenüber zweier beherrschender Architekturen über den Fluß hinweg und ihre Einbindung in die gegebenen Achsen, haben das Stadtbild dynamisiert, haben den ruhigen Fluß frühbarocker Planung im hochbarocken Sinn »dramatisiert«.

Eine andere städtebauliche Neuinterpretation der Gegebenheiten ist Fischer mit dem Bau der Markuskirche (ehemalige Ursulinenkirche) gelungen. Das große Areal für Kirche und Kloster der Ursulinerinnen lag am Nordwestende der Stadt, am Müllner Tor. Fischer hat durch die Situierung der Kirche an der schmalen Spitze der Parzelle, dem Stadttor gegenüber, ein feierliches Entree für die aus Bayern kommenden Besucher geschaffen; die Kirche, schmal und hoch aufragend, teilt wie ein Schiff den Strom der Ankommenden. Die zurückgesetzten Türme leiten einerseits in die schmale Gstättengasse am Berg, andererseits in die Griesgasse am Salzachufer über. Stadttor und Kirchenfassade bilden die Pole, zwischen denen sich platzbeherrschende Spannung aufbaut. Das Gegenüber von Tor und Kirchenfassade ist übrigens ein altes Salzburger Thema, Scamozzi hat schon um 1600 seinem gewaltigen Domprojekt die Tore der die

Franziskanergasse überspannenden Arkaden gegenübergestellt.

Auf Fischers Entwürfe geht auch das Hauptparterre des Mirabellgartens zurück (ab 1688), dessen Achse wiederum den Fluß überspringt und auf die Altstadt, den Dom, zielt. Auch die Pferdeschwemme am Siegmundsplatz (in ihrer Konzeption vor dem Umbau durch Franz Anton Danreiter) »lebte« aus dem spannungsvollen Gegenüber von Triumphtor und Rossebändiger. Das Triumphportal mit den Waffenfriesen, gebälktragenden Atlanten und den Personifikationen Europas und Asiens sollte an die glorreiche Rolle eines salzburgischen Reiterkontingents im Türkenkampf, 1683, erinnern. Im Waffenfries erscheint ein Feldzeichen mit den Buchstaben »SPQS« — in Anlehnung an das antikrömische »SPQR« (Senatus Populusque Romanus) wird hier euphemistisch auf »Senat und Volk von Salzburg« (Senatus Populusque Salisburgensis) angespielt. Das freilich war nur eine hübsche historische Verbrämung, denn gerade Ernst Thun war (wie auch Max Gandolph Kuenburg, 1668—1687) ein absolutistisch regierender Herrscher, »Senat« und »Volk« von Salzburg hatten nichts zu beschließen, durften nur Befehle empfangen und im Kampf gegen die Türken den Ruhm des Erzbistums mehren.

Ein anderes (obwohl urkundlich nicht gesichertes) Werk Fischers ist der 1692/93 erfolgte Ausbau des Steinbruchs an den Mönchsbergwänden als Sommerreitschule. Fischer hatte ja damals die Oberaufsicht über die gesamte Bautätigkeit, und die Felsengalerie »ist eine so grandiose Idee, daß sie kaum dem Gehirn eines Salzburger Baubeamten entsprungen sein kann« (Franz Martin). »Daß aber dieses auf der ganzen Welt einzigartige offene ›Theatrum Equestre‹ als permanente Kulisse in ein konventionelles Theater eingebaut wurde, ist unverzeihlich.« (Hans Sedlmayr)

DER ALTAR ALS LEBENSBRUNNEN

Die theologischen Ursprünge von Fischers Sakralbaukunst werden erstmals in seinen Salzburger Arbeiten erkennbar; der Hochaltar der Franziskanerkirche ist ein Werk, das Formtraditionen des Aufstellungsorts und theologische Konzepte bildhaft werden läßt. 1708 faßte der Franziskanerkonvent den Beschluß, den großartigen gotischen Flügelaltar Michael Pachers abzubrechen und durch ein neues Werk zu ersetzen. Nur das wundertätige Gnadenbild der Gottesmutter sollte in den neuen Altar übernommen werden. Fischer von Erlach lieferte den Entwurf, 1710 war der Altar vollendet.

Wir erinnern uns, daß im 8. Jahrhundert an der Stelle der Marien-(Franziskaner-)Kirche eine Taufkirche stand. Der archetypische Zentralraumcharakter dieser Taufkirche hat wohl auch die Zentralraumtendenz des gotischen Hallenchors bestimmt. Von Fischers Altar wird dieses Motiv abermals aufgenommen, wie ein Tempietto, ein Rundtempel, scheint er unter dem zentralen Chorpfeiler zu stehen. Der Altar zeigt aber auch eine nicht übersehbare typologische Verwandtschaft zu Lebensbrunnendarstellungen in karolingischen Evangeliaren (z. B. Evangeliar aus Soissons). Wie bei diesen wölbt sich der reichgeschmückte Diadembogen über die Säulen empor, die dahinterliegende Hälfte des Gebälks aber biegt sich nach unten durch — der Altar muß auch als säulenumstandener »Brunnen« gesehen werden. Der Taufbrunnen ist ein Abbild dieses »fons vitae«, des Lebensbrunnens, und Rupert von Deutz (gest. um 1130) und Alkuin haben Maria als »fons vitae« besungen: »Denn bei dir ist die Quelle des Lebens.« Die theologisch-heilsgeschichtliche Bedeutung von Tauf- und Marienkirche, von Taufwasser und Maria als der »Quelle des wahren Lebens«, hat sich in Fischers Altar zu einem beziehungsreichen Schaugebilde verdichtet, dessen archetypische formale Motive tief in die Geschichte zurückreichen.

Fischer hat sein Interesse für historische Formen in seinem »Entwurf einer historischen Architektur« (1721) umfassend dokumentiert. Architekturen der Menschheitsgeschichte breitet er in fünf Büchern auf mehr als achtzig Kupfertafeln aus. Seine eigenen Werke stehen am Ende dieser imposanten Reihe, die mit der Beschreibung des Salomonischen Tempels beginnt. 1712 hatte er für dieses Architekturwerk auch noch europäische Gebäude der »Gothen«, also mittelalterliche Architektur, vorgesehen.

Inspiration durch mittelalterliche Architektur hat man auch in den steilen Raumverhältnissen seiner Kollegienkirche vermutet, »griechische und lateinische Überlieferungen sind hier zusammengeschlossen, im Innenraum klingt Mittelalterliches an« (Erich Hubala). Die Kollegienkirche ist gleichfalls Maria, der »Immaculata Conceptio«, geweiht. Die Professoren der Salzburger Benediktineruniversität hatten die noch nicht dogmatisierte »Unbefleckte Empfängnis« theologisch vertreten und in einem feierlichen Gelübde 1696 (dem Jahr der Grundsteinlegung) bekräftigt. Dieses mariologische Programm bestimmt den ganzen Bau, die monumentalen Säulen im Presbyterium sind eine Allusion auf die zwei Säulen des Salomonischen Tempels, Maria ist der »Tempel Salomons«, das »Haus der Weisheit« — die Kollegienkirche ist die Kirche der Salzburger Universität, in den Ecken der Kreuzarme sind die Kapellen der vier Fakultätsheiligen untergebracht.

Erzbischof Ernst Thun war, nach dem Kaiser, Fischers

größter Auftraggeber. Diese rege Bautätigkeit verlangte nach sparsamem Umgang mit den Stiftungsgeldern, deshalb sind Fischers Bauten nur mit geringen Mitteln aufgeführt: Marmor wurde spärlich verwendet, die Korridore in den Gebäuden waren nur mit Läden und Kugelsteinen belegt. Doch Fischers Bauten wirken nicht durch kostbares Material — die »ungemeine Erfindung« neuer, niegesehener Formen ist es, was die Salzburger verwunderte. Die Kollegienkirche erschien den Zeitgenossen so revolutionär und fremdartig, daß 1701 jemand in einem Studentenalbum reimen konnte: »Wann solche Bau-Art sollt ein Teutscher Greis erblicken, Er wüst nicht wo er wär? er thät darob erschricken.«

Fischer von Erlach war während seiner Salzburger Bauvorhaben nur einige Male in der Stadt, beaufsichtigt wurden sie von einheimischen Bauführern. Da konnte es leicht passieren, daß man sich in manchen Fällen gegen die Kunst und für das Werk der Maurer entschied. Die verkleinerten und geschlossenen Fenster des Mittelpavillons von Schloß Klesheim sind ein solcher Fall, desgleichen die ovalen Fenster in den Turmabschlüssen der Kollegienkirche, die anscheinend, entgegen den ursprünglichen Plänen, schon von Anfang an vermauert wurden. Das Wetter (der häufige Regen) mag die Begründung dafür gewesen sein; in Wahrheit war man aber in Salzburg nie für starke Durchfensterung eingenommen, die geschlossene Wand entsprach dem Lebensgefühl der Einwohner mehr. (Immer wieder hat es in dieser Stadt Projekte »verregnet«, sie wurden vielleicht auch »verwässert«; die umgebaute Dachlandschaft des Bildungshauses St. Virgil von Wilhelm Holzbauer ist ein Beispiel aus unserer Zeit.)

Erzbischof Ernst Thun hatte sein Vermögen auf seine Stiftungen verteilt, und nach seinem Tod sollten auch die entsprechenden Körperteile dort ruhen: So wurde sein Gehirn in der Universitätskirche bestattet, sein Herz in der Dreifaltigkeitskirche, und seine Eingeweide fanden in der Kirche des Johannisspitals ihre letzte Ruhestätte.

Thuns Nachfolger, Erzbischof Franz Anton Fürst Harrach (1709—1727), protegierte einen anderen Mann: Fischers Erzfeind — Johann Lukas von Hildebrandt. Der wollte auch gleich nach der Wahl Harrachs nach Salzburg eilen, wurde aber zurückgehalten mit dem Bemerken, daß Fischer noch in Salzburg sei und die »zwey khein guett beisamen tetten«.

Erzbischof Harrach hat auch sonst Künstlern, die für den Kaiserhof in Wien und den dortigen Adel arbeiteten, Aufträge in Salzburg gegeben; die Maler und Freskanten Johann Michael Rottmayr und Martin Altomonte und der Bildhauer Raphael Donner arbeiteten hier. Erzbischof Franz Anton Harrach ließ die Prunkräume der Residenz nach einem einheitlichen Programm ausstatten, der Alexanderzyklus in den Deckenmalereien ist eine Anspielung auf die herrscherlichen Tugenden und die weise Lenkung des Staats durch den Landesfürsten. Für den Bronzejüngling vom Magdalensberg entwarf Johann Lukas von Hildebrandt in der »Schönen Galerie« eine Kaminwand mit Nische, in der die Skulptur Aufstellung fand. Zwei kindlich-mollige Putten an den Seiten des Sockels bestaunen die klassische Schönheit des Jünglings.

Auch Schloß Mirabell hat Erzbischof Harrach umgebaut; aus dem manieristischen Nebeneinander mehrerer Gebäude aus der Zeit Wolf Dietrichs schuf Hildebrandt einen einheitlichen Vierflügelbau mit einem Turm auf dem östlichen Trakt. Leider wurde Mirabell beim Stadtbrand von 1818 schwer beschädigt, die Renovierung erfolgte damals im nüchternen ärarischen Stil. Das Treppenhaus entspricht in seiner Lage abseits der Hauptachse des Gebäudes und wegen seiner Enge nicht den hochbarocken Planungsidealen. Hildebrandt mußte hier auf die Raumaufteilung des Vorgängerbaus Rücksicht nehmen; dennoch ist eine zauberhafte Anlage entstanden. Reiche, schäumende Ornamentformen begleiten den Aufwärtssteigenden. Das Geländer ist bewegt von sich überschlagenden Wogen, auf deren Kämmen Putten spielen — die Mühsal des Steigens verwandelt sich in ein heiteres Spiel. Man braucht sich nur immer wieder in die Bewegung der nächsten Ornamente zu versenken und hat auch schon das Ende der Treppe erreicht; das Hinaufgehen wird vom bewegten Schauspiel der ornamentalen Wogen vorweggenommen. Auch im Garten hat Johann Lukas von Hildebrandt Veränderungen vorgenommen, der »Zwergelgarten« und das Heckentheater stammen aus den Jahren 1713—1717.

GEWALTSAME ZÄHMUNG

Erzbischof Leopold Anton Firmian (1727—1744) betonte gleich nach seiner Wahl, er sei »nicht auf den Thron als einen Ruhesitz, sondern auf einen Webstuhl gekommen ... denn die Regenten seien gleich den Webenden, deren Sitz voll von Geschäften ist ...« Diese Geschäftigkeit bekamen die Protestanten im Erzstift bald zu spüren. Seit dem 16. Jahrhundert hatte es zwar auf dem Lande immer wieder harte gegenreformatorische Maßnahmen gegeben, auch hatten unter allen Erzbischöfen immer wieder kleinere Gruppen von Protestanten das Land aus Glaubensgründen verlassen. Bisher hatte jedoch kein Regent allzu scharfe

Die Hofstallschwemme und der Hofstall, Radierung von Fr. Müller nach August F. H. Naumann, um 1795

Maßnahmen getroffen, wäre das Land doch durch die Auswanderung der arbeitsamen Protestanten, der Bauern und Bergknappen, wirtschaftlich zu schwer geschädigt worden. Unter Firmian kam es zur Katastrophe. Ein glaubenseifriger Hofkanzler und unduldsame Missionare agierten so ungeschickt, daß viele Salzburger eher zur Auswanderung als zur Aufgabe ihres Glaubens bereit waren. Das Angebot des Preußenkönigs, die Auswanderer aufnehmen zu wollen, rief eine regelrechte Auswanderungsbegeisterung hervor — schließlich waren es an die 20.000 Salzburger, die 1732 das Erzstift verließen. Der Zug der Emigranten erregte Aufsehen in ganz Europa. (Johann Wolfgang von Goethe wurde davon noch Jahrzehnte danach zu seinem Epos »Hermann und Dorothea« angeregt.) Die meisten Emigranten waren in Ostpreußen angesiedelt worden, kleinere Gruppen zogen nach Holland, zweiundvierzig Familien siedelten sich in Ebenezer in Georgia (Amerika) an. Der wirtschaftliche Schaden für das Erzstift war ungeheuer groß — es sollte Jahrzehnte dauern, bis die Bauernhöfe wieder besiedelt und bewirtschaftet waren.

Auch an der Universität gab es Unruhen, im sogenannten »Sykophantenstreit« beschwerten sich die Studenten über die Professoren. Was sie der Jugend auftischen, ». . . sei alte Trödelware, Gerümpel und Dunst. Indem ihre Schriften niemand lese als sie selbst, so lobten sie sich auch allein. Um andere Bücher bekümmern sie sich nicht.« Man löste dieses Problem, indem man die alten Professoren in Pension oder zurück ins Kloster schickte. Der Ruf der Universität war damals überhaupt schlecht — sie hatte so viele Schulden, daß man unter Trommelschlag verkündete, niemand dürfe ihr borgen.

Erzbischof Leopold Anton Firmian hat die Hofstallschwemme Fischers von Erlach umbauen und die Kapitelschwemme neu errichten lassen, deren Chronogramm »LeopoLDVs prInCeps Me eXstrVXIt« das Baujahr 1732 verrät. Der Garteninspektor Franz Anton Danreiter hat diese Anlage entworfen, in der die Silhouette der zierlichen Schauwand Festungsberg und Brunnen verbindet. Im selben Jahr hat Danreiter die Hofstallschwemme verändert, die dahinterliegende Kulissenwand rahmt durch ihr Triumphbogenmotiv die erst damals erhöht aufgestellte Rossebändigergruppe. Das »Neutor« dahinter, das durch den Mönchsberg in den Stadtteil Riedenburg führt, wurde erst 1764 angelegt; die künstlerische Ausgestaltung der Portale geht auf die Brüder Wolfgang und Johann Baptist Hagenauer zurück (1767).

Die politisch-allegorische Bedeutung des Pferdes (und seines Bändigers) im Barock wird in diesen Pferdeschwemmen anschaulich. Herrscher und Reich, Landesherr und Untertanen fanden sich im Bilde des Pferdes und seines Bändigers beziehungsweise Bereiters allegorisch gespiegelt. Religiös-staatliche Zusammenhänge, eine »Theologie« des Pferdes, sah jene Zeit, die ständig in Entsprechungen und Vorbildungen dachte, durch Bibelstellen bestätigt. Worte wie: »Sieh, die Pferde halten wir in Zäumen, daß sie uns gehorchen, und wir lenken ihren ganzen Leib« (Jakobus 3,3), gaben dem Landesfürsten die Legitimation, die Untertanen zu »zähmen«, im »Zaum zu halten«. Ein starkes Gemüt, Seelenstärke und gebändigte Leidenschaften (das Pferd war das Symbol der Leidenschaft schlechthin) waren *das* Persönlichkeitsideal der Epoche. Daß gerade Erzbischof Firmian, der seinen Untertanen unendliches Leid brachte, diese Pferdeschwemmen 1732, im Jahr der Protestantenvertreibung, errichten ließ, mutet paradox an, erscheint gleichsam als Alibihandlung. Denn das Ideal der Reiter-(Bändiger-)Pferd-Beziehung, der Beziehung des Fürsten zu seinen Untertanen, war die Harmonie; die einfühlsame Liebe zum Pferd wurde als eine Liebe zu Gott als dem Schöpfer der Tiere verstanden. Christoph Pinter von der Au faßte das 1688 in die Verse: »Wer Gott nun und das Pferd nach dessen Willen liebet, Schafft allen Mißbrauch ab; dann wird es recht geübet.« Einfühlsame »Zähmung« war das Ideal der Epoche, nicht gewaltsames Vorgehen.

FÜRST-ERZBISCHOF FIRMIAN — »DES LANDS UHR«

In der Einleitung dieses Buches haben wir schon von Erzbischof Firmians Uhrenleidenschaft gesprochen; allein in seinem Schlafzimmer hatte er sechs stehen — darunter eine beleuchtete Nachtuhr und eine mit einem Globus. Der aus Schottland gebürtige Benediktiner Bernhard Stuart, der an der Universität Mathematik und Astronomie lehrte, mußte für den Erzbischof zahlreiche Sonnen- und Räderuhren berechnen, die dann der Salzburger Hofuhrmacher Jakob Bentele baute.

Diese Uhrenleidenschaft Leopold Anton Firmians (und anderer Fürsten jener Zeit) entsprang nicht so sehr dem Bedürfnis nach zuverlässiger und genauer Zeitangabe, nicht Nützlichkeit gab der Uhr ihre besondere Bedeutung, sondern ihr tiefer Symbolgehalt. Sie war Sinnbild für Ordnung und Autorität, auch war sie eine Metapher für das Verhältnis des Fürsten zum Staat, zu den Untertanen. Die Uhr war Gleichnis für das auf eine zentrale Autorität gegründete absolutistische Staatswesen. Zahlreiche Schriften der Barockzeit handeln vom Uhrengleichnis, der Fürst ist der »Beweger«, die »Unruhe«, die Untertanen gleichen den Rädern, die in geordneter Bewegung gehalten werden. Christoph Lehmann sagt in seinem »Florilegium politicum« (1630): »Ein Fürst und Regent ist deß Lands Uhr jeder richt sich nach demselben in Wercken als wie nach der Uhr in Geschäften.« Der Spanier Diego de Saavedra Fajardo treibt diese Analogie in seinem Werk »Idea de un principe politico christiano« (1659) noch weiter: ». . . Die Monarchy wirdt von anderen weisen der Regierungen unterschieden, das in solcher einer allein befihlet, andere aber gehorsamen . . . Derwegen sol ein Fürst in dem Uhrwerk der regierung nit allein ein Zeiger sein, sondern auch die unruhe, welche allen anderen rädern die zeit zur bewegung gibt.«

Die Uhr war für Leopold Anton Sinnbild seines autoritären Ordnungsbegriffs. In dieses Ideal eines »Staats-Uhrwerks« fügten sich die Protestanten nicht ein, sie waren Räder, die nicht in diese Maschine paßten, die das Funktionieren der »Staatsmaschine« störten. Pferdebändiger und Uhr als absolutistische Herrschaftsmetaphern stiften für Erzbischof Firmians Uhrenleidenschaft, seine Pferdeschwemmen und die Protestantenvertreibung einen unerwarteten und doch folgerichtigen politisch-allegorischen Zusammenhang.

WOLFGANG AMADEUS MOZART

Der in Augsburg geborene Leopold Mozart (1719—1787) kam 1737 nach Salzburg, um an der Benediktineruniversität zu studieren, ein Jahr später schon war er Baccalaureus in Philosophie. Dann aber schien sein Eifer zu erlahmen, wegen unerlaubten Fernbleibens von den Kollegien mußte er die Universität verlassen — man darf vermuten, daß er, statt Vorlesungen zu besuchen, lieber mit Freunden musizierte. Er verdingte sich in der Folge als Kammerdiener mit »Musikverpflichtung« im Hause eines Domherrn, und einige Jahre später schon war er vierter Violinist der Salzburger Hofkapelle; 1747 heiratete er Anna Maria Pertl. In der Wohnung im 3. Stock des Hauses Getreidegasse 9 kamen nach fünf Kindern, die allesamt nicht am Leben blieben, Maria Anna Walburga — »Nannerl« (1751) — und Johann Chrysostomus Wolfgangus Theophilus — »Amadeus« (27. Januar 1756) — zur Welt. Leopold Mozart, seit 1758 zweiter Violinist, gab den Kindern Musikunterricht; in Nannerls Notenheft finden sich Eintragungen wie: »Diese vorhergehenden 8 Menuet hat der Wolfgangerl im 4 ten Jahr gelernet«, oder: »Diesen Menuet und Trio hat der Wolfgangerl den 26. January 1761 einen Tag vor seinem

5. Jahr um halb 10 Uhr nachts in einer halben Stund gelernet.«

Beide Kinder waren sehr musikalisch, Wolfgangs Talent aber erstaunte den Vater immer wieder aufs neue. Sein Gehör war so sensibel, daß er bis zu seinem zehnten Lebensjahr eine unbezwingliche Furcht vor der Trompete empfand, ». . . wie man ihm eine Trompete nur vorhielt, war es eben so viel, als wenn man ihm eine geladene Pistole aufs Herz setzte«. Als der Hoftrompeter Andreas Schachtner, ein guter Freund der Familie, auf Geheiß des Vaters dennoch dem Kleinen entgegenblies, fiel dieser fast in Ohnmacht: »Wolfgangerl hörte kaum den schmetternden Ton, ward er bleich und begann zur Erde zu sinken.«

Der regierende Erzbischof Siegmund Christoph Graf Schrattenbach (1753—1771) kam der Familie Mozart sehr wohlwollend entgegen, 1763 ernannte er Leopold Mozart zum Vizekapellmeister. Konzertreisen mit den Kindern wurden immer wieder bewilligt, 600 Gulden, die er für die erste Italienreise, 1769, spendete, stehen in den Rechnungsbüchern mit dem Vermerk »für den kleinen Mozartl«. Erzbischof Siegmund Schrattenbach war ein gutmütiger Wohltäter, in Salzburg ging der Spruch »D'Kinder, d'Narren und d'Hund' liebt unser Sigismund«.

Ausgedehnte Reisen führten das Wunderkind Wolfgang Amadeus und seine Schwester Nannerl durch ganz Europa. 1762 musizierten sie vor Kaiserin Maria Theresia, 1763—1766 ging die Reise über Paris nach London. Der stolze Vater schrieb begeistert an seinen Hausherrn Lorenz Hagenauer: ». . . das, was er gewust, da wir aus Salzburg abgereist, ist ein purer Schatten gegen demjenigen, was er iezt weis. Es übersteigt alle Einbildungskraft.« Wolfgang Amadeus war damals elf Jahre alt. In Bologna wurde er Mitglied der Academia filarmonica (1770); in den unmittelbar folgenden Jahren kam es zu weiteren Italienreisen.

In der Zwischenzeit waren in Salzburg schwerwiegende Wandlungen vor sich gegangen, der gute Erzbischof Schrattenbach hatte das Zeitliche gesegnet, Hieronymus Graf Colloredo (1772—1803) folgte ihm als Landesfürst. Der kühle und sparsame Erzbischof Colloredo verbat sich alle Reisen, ein Urlaubsgesuch wurde abgeschlagen, Vater und Sohn fanden sich kurzerhand entlassen. Leopold Mozart wurde zwar wieder eingestellt, doch mit den alten Freiheiten war es vorbei, die Mozarts bekamen deutlich zu spüren, daß sie nur Hofbedienstete waren. In Wien kam es zum endgültigen Bruch zwischen Erzbischof Colloredo und Wolfgang Amadeus. In einer Audienz am 9. Mai 1781 nannte Colloredo Wolfgang einen Lumpen und Lausbuben. »Noch ganz voll der Galle« schrieb Wolfgang Amadeus dem Vater nach Salzburg und schilderte ihm die Auseinandersetzung; (Erzbi-

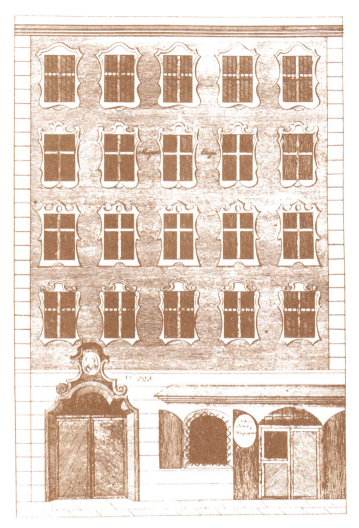

Mozarts Geburtshaus in der Getreidegasse, Radierung um 1828

schof): ». . . dort ist die tühr, schau er, ich will mit einem solchen (elenden buben) nichts mehr zu thun haben — endlich sagte ich — und ich mit ihnen auch nichts mehr . . .« Ein Kammerdiener soll Mozart daraufhin hinausgeworfen haben.

Nur einmal noch kehrte Wolfgang Amadeus Mozart nach Salzburg zurück, ins Tanzmeisterhaus am Makartplatz, wo die Familie seit 1773 wohnte und wo Wolfgang Amadeus Mozart an die hundert Werke geschrieben hat. Darunter kirchliche Kompositionen wie die Credo-, die Orgelsolo- und die Krönungsmesse, zahlreiche Kirchensonaten, Litaneien und Vespern, auch Sonaten, Symphonien, Menuette und Serenaden und unter anderen die Opern »Il re pastore«, »La finta giardiniera«, »Idomeneo« und »Zaide«.

Wolfgang Amadeus erhoffte sich viel in Wien, Aufträge des Adels und des Kaiserhofs und vor allem eine sichere Anstellung. Gegen die Salzburger Freunde der Familie, die Kapellkollegen des Vaters, Johann Ernst Eberlin (1702—1762), Johann Michael Haydn (1737—1806), Anton Cajetan Adlgasser (1728—1777) und Dominikus Hagenauer, die Familien Barisani, Robinig und Schidenhofen, tauschte er neue in Wien, die ihm freilich nur so lange nahe waren, als er erfolgreich war, und die sich nur dann zu einer fröhlichen Kartenrunde mit ihm trafen, wenn er Geld zu verspielen hatte. Bei seinem letzten Gang auf den Friedhof St. Marx war keiner dabei; erstaunlicherweise suchte seine Gemahlin Constanze erst siebzehn Jahre nach seinem Tod — vergeblich — das Grab und entrüstete sich, daß sein Ort vergessen war.

In seinem Todesjahr vollendete er die »Zauberflöte«; das Gartenhäuschen des Freihaustheaters auf der Wieden in Wien, in dem er Teile dieser Oper komponiert haben soll, wurde 1873 nach Salzburg gebracht, es ist im Rahmen einer Führung im Bastionsgarten des Mozarteums zu besichtigen.

Mozarts Schwester Nannerl übersiedelte 1801, nach dem Tod ihres Mannes, des Reichsfreiherrn Johann Baptist von Berchtold zu Sonnenburg, Pfleger in St. Gilgen, wieder nach Salzburg. Sie starb 1829, wollte aber keinesfalls im Familiengrab in St. Sebastian begraben werden, denn die »Weberischen« (Mozarts Frau Constanze und ihre Verwandtschaft) und Georg Nikolaus Nissen, Constanzes zweiter Mann, die dort ihre Grabstätten hatten, waren ihr immer fremd geblieben. Sie ist in der Kommunegruft in St. Peter bestattet.

Auch Constanze war nach Salzburg übersiedelt (1820), im Jahr der Enthüllung des Mozartdenkmals und des ersten Musikfestes, 1842, starb sie und wurde neben ihrem zweiten Mann in St. Sebastian begraben.

Nachdem schon 1870 die Internationale Mozart-Stiftung gegründet worden war, konstituierte sich 1880 die heute noch bestehende Internationale Stiftung Mozarteum. Die Musikfeste dieser Institution waren die Vorläufer der Salzburger Festspiele.

Salzburg verliert seine Selbständigkeit und wird Provinz

Die napoleonischen Kriege und die damit verbundenen Machtverschiebungen in Europa haben der Selbständigkeit Salzburgs ein Ende gesetzt; selbst eine lediglich aufzählende Chronik der Ereignisse macht deutlich, daß die Jahre von 1800 bis 1816, dem endgültigen Anschluß an Österreich, den schwerwiegendsten Einschnitt in Salzburgs Geschichte bedeuteten. Die Stadt wurde in diesen Jahren fast ihres gesamten Kunstbesitzes beraubt, was nicht den Einschmelzungen und Plünderungen zum Opfer fiel, haben die wechselnden Herren, der Kurfürst, die Franzosen, die Bayern und Österreicher, weggeführt.

In den Jahren 1797 und 1800 wurde die Stadt von den Franzosen erstmals besetzt, 1801 floh Erzbischof Colloredo nach Wien, er sollte nie mehr in sein Land zurückkehren. Im Frieden von Luneville, 1801, war beschlossen worden, das Erzstift zu säkularisieren, um damit den Großherzog Ferdinand von Toskana dafür zu entschädigen, daß er sein Land an den Infanten von Parma abtreten mußte. Salzburg wurde zusammen mit den Fürstentümern Eichstädt, Berchtesgaden und einem Teil von Passau Kurfürstentum; 1803 resignierte Erzbischof Hieronymus Colloredo, Ferdinand III. von Toskana übernahm sein neues Land. Dieser Status sollte nur drei Jahre währen, denn im Frieden von Preßburg wurde Salzburg erstmals österreichisch. Dominikus Hagenauer, Abt von St. Peter, deutet die Reaktion der Salzburger mit den Worten an: »Welche Bestürzung diese unerwartete Nachricht allgemein verbreitete, ist nicht zu beschreiben. Und wer kann uns dies verargen.«

Monate vorher schon hatte Ferdinand III. von Toskana, der mit dem neuen Kurfürstentum Würzburg entschädigt worden war, alles Wertvolle aus erzstiftlichem Besitz einpacken und in Wagenkolonnen nach Würzburg transportieren lassen; auch der unglaublich reiche Schatz des Erzstifts war ein Teil des »Erbes«, das die kaum dreijährige Herrschaft dem Großherzog einbrachte. Der Schatz des Erzstifts befindet sich heute im Palazzo Pitti in Florenz.

Die erste österreichische Herrschaft währte nur von 1805 bis 1809, doch sie war lange genug, um die Kunst-, Bibliotheks- und Archivschätze Salzburgs nach Wien zu schaffen. Was die Franzosen nicht schon im Jahr 1800 auf Grund von genauen Listen requiriert hatten, holten die Wiener Beamten en bloc in die kaiserliche Residenzstadt. Sogar die weißen Hirsche aus dem Hellbrunner Wildgehege mußten in die Hauptstadt übersiedeln.

Der neue Status einer österreichischen Provinzstadt sorgte für Bestürzung in Salzburg. »Der Verkehr hat ein Ende, weil kein Regent, kein Hofstaat, keine Stellen mehr da sind, das Geld, welches hier eingehet, kommt nicht mehr in Umlauf und muß nach der Hauptstadt fließen . . .«, klagte Abt Dominikus Hagenauer. 1809 war neuerlich Krieg, französische und bayerische Soldaten, die die Stadt schon mehrmals heimgesucht hatten, kehrten wieder, wobei die bayerischen Husaren »noch unerbittlicher waren als die Franzosen«. Im Frieden von Schönbrunn wurde Salzburg wieder von Österreich getrennt und nach einer Zeit der französischen Administration bayerische Provinz (1810—1816): »Auf diese Nachricht entstand in der Stadt eine allgemeine Bestürzung.«

Die Salzburger haben sich nie als Bayern gefühlt, der Reisende Kaspar Riesbeck, der zur Zeit Erzbischof Firmians die Stadt besuchte, schreibt über ihr Verhältnis zu den westlichen Nachbarn: »Zu dem Nationalstolz, welcher unter diesem Völkchen herrscht, weiß ich nicht was ich sagen soll . . . Die Einwohner dieser Stadt ärgern sich höchlich darob, wenn man sie Bayern heißt . . . Man will hier mit den Bayern gar nichts gemein haben, und setzt sie sehr tief unter sich. Etwas mehr Geschmack, und gute Lebensart, und etwas weniger Bigotterie muß man den Salzburgern vor den Bayern einräumen; aber daß man den Abstand so groß macht, und die Bayern gar unter die Tiere herunter setzt, das muß man der mächtigen Fee Phantasie zugut halten.«

In diesen Jahren holten sich die Bayern, was die Wiener Hofräte mitzunehmen übersehen hatten. Ab 1816 schließlich war Salzburg endgültig österreichisch; unter militärischem Zeremoniell wurde das bayerische Wappen von Residenz und Neugebäude abgenommen und durch den österreichischen Doppeladler ersetzt, ein Teil der auf dem Residenzplatz versammelten Menschenmenge quittierte das mit lautem Beifall. 122 Jahre später galt die Begeisterung der Salzburger auf dem Residenzplatz einem ganz und gar anderen Anschluß.

Salzburg vom Mönchsberg, Lithographie von K. Libay nach Johann Fischbach, um 1848

DIE ROMANTIKER ENTDECKEN SALZBURG

Salzburg war 1816 zu einer bedeutungslosen österreichischen Kreisstadt herabgesunken, nicht einmal die Landesverwaltung überließ man den Salzburgern, Linz wurde die zuständige Hauptstadt. Erst 1848 wurde Salzburg zu einem selbständigen Kronland erhoben. Die Säkularisation und die darauf folgenden wechselvollen Jahre hinterließen im kulturellen und wirtschaftlichen Gefüge der Stadt ein Vakuum, das fast hundert Jahre, bis zur Gründung der Salzburger Festspiele, 1917, spürbar blieb.

Salzburg war eine verschlafene Kleinstadt und mit ihren 16.000 Einwohnern kaum größer als zur Zeit Erzbischof Wolf Dietrichs. Die Zeit schien hier stehengeblieben zu sein, es gab keine Bautätigkeit mehr, das wirtschaftliche Leben kam zum Erliegen, die großen Gebäude des ehemaligen erzbischöflichen Hofes, Residenz und Neugebäude, waren leer und »ausgeräumt«, in einer öffentlichen Versteigerung wurden sie ihrer letzten Einrichtungsstücke beraubt. Man blickte in die große Vergangenheit zurück, denn in der Zukunft sah man keine Hoffnung. Die Salzburger trauerten den Zeiten nach, in denen der erzbischöfliche Hof Anstellungsmöglichkeiten und seine Bautätigkeit Verdienstmöglichkeiten geboten hatte.

Dem Blick zurück in die Geschichte huldigten auch die Romantiker, sie entdeckten Salzburg als »malerische« Stadt,

Der Salzburger Bahnhof, Lithographie von Lohninger, 1860

in der die Vergangenheit durch die Zufälle der Geschichte konserviert war. Die Romantiker, die das Zeitkontinuum in ihren Bildern sichtbar zu machen versuchten, die Übergänge der Tageszeiten und die damit verbundenen Stimmungen, fanden in Salzburg den idealen Ort zur Versenkung in die Geschichte, für die Suche nach den Anfängen und den ursprünglichen Formen des Zusammenlebens. Der dörfliche Charakter der Stadt und ihrer Umgebung, der durch die herrschaftlichen Formen der Architekturen der Erzbischöfe nur zurückgedrängt worden war, trat damals wieder stärker zutage. Die »Bauernhäuser« am Petersfriedhof waren ein beliebtes Motiv, ebenso die Hirtinnen auf dem Mönchsberg vor dem Hintergrund der alten architektonischen Pracht der Stadt. Auf den Bildern der Romantiker weiden Ziegen am Salzachgries, Salzschiffe treiben gemächlich flußabwärts, und der unregulierte Fluß bespült die Gerberhäuser an der Steingasse. Eine friedliche und geruhsame Zeit scheint das damals gewesen zu sein.

DAS GESCHENK DES KAISERS

Mit dem Bau der Eisenbahn von Wien nach München (1860) hatten »moderne«, dynamische Ideen auch Salzburg erreicht. Die politischen Voraussetzungen für eine freie Betätigung der Bürger waren 1848 geschaffen worden, Salzburg wollte jetzt Initiativen setzen, die das Gemeindebewußtsein ausdrücken sollten. Die Stadtväter richteten den Blick zunächst gegen Norden, das hieß zum Bahnhof, zur Eisenbahn, dem Verkehrsmittel, das die neue Zeit verkörperte. Dorthin und nach Schallmoos sollte die Stadt sich ausdehnen. Die Mauern, Wälle und Tore der Stadtbefestigung wurden dabei als beengend empfunden, als Klammer und Hindernis für schnellen Verkehrsfluß, der Symbol für wirtschaftliche Dynamik war. Das fortifikatorische Bauverbot, das im Festungsrayon jeden Neubau verhindert hatte, wurde 1860 aufgehoben. Am 1. Mai 1866 schenkte Kaiser Franz Joseph I. anläßlich der fünfzigjährigen Zugehörigkeit Salzburgs zum Kaisertum Österreich der Stadt die Wälle vom Kapuzinerberg bis zum Mirabelltor.

Wälle, Tore und Mauern wurden nun abgetragen, um Platz für die Stadterweiterung zu gewinnen, das Material diente zur Regulierung der Salzach, an deren Ufern dadurch neuer Baugrund entstand. Die »Öffnung« der Stadt im Norden, im Mirabell- und Andräviertel, hatte die Möglichkeit der Erweiterung gebracht, aber auch die Gefahr einer später tatsächlich erfolgten gesichtslosen Verbauung. Die weitere Baugeschichte dieser Gegend hat gezeigt, daß es zuwenig ist, in einem Stadterweiterungsprogramm nur die Straßenzüge und Bauparzellen festzulegen und einige »Gründerbauten« zu errichten, wenn darüber hinaus eine Planungsvision fehlt, die auch architektonisch wenig gelungenen Gebäuden Halt geben könnte. Die Fixierung auf die Altstadt und ihr Ensemble, das seinesgleichen sucht, hat die Randgebiete leider nie ins Blickfeld ernsthafter Planung kommen lassen — bis es zu spät war. Die Häßlichkeit und architektonische Lieblosigkeit gewisser Stadtrandviertel steht in krassem Gegensatz zur Schönheit der Altstadt. Während hier Ästhetik-Kommissionen jedes Detail eines Fensterflügels festlegen, wurden und werden in den Außenvierteln Wohnblocks für Tausende von Menschen anscheinend nur nach den Gesetzen des Profits gebaut.

Naturwissenschaftliche Fakultät, Galerien im Foyerbereich,
Zeichnung von Wilhelm Holzbauer

SALZBURG UND DIE MODERNE ARCHITEKTUR

Es mag einigermaßen erstaunen, daß es die Kirche war, die nach dem Zweiten Weltkrieg mit ihren Projekten den Anschluß an die Architektur der Moderne fand. Die Pfarrkirche in Parsch (1953–1956) und das Kolleg St. Josef in Aigen (1961–1964), beide von der Arbeitsgruppe 4 (Holzbauer, Kurrent, Spalt) entworfen, waren Meilensteine in der Architekturlandschaft Salzburgs. Das Seelsorgezentrum St. Vitalis (1967–1972) und das Bildungshaus St. Virgil (1968–1976), beides Werke Wilhelm Holzbauers, setzten diese Zeugenreihe ambitionierter Bauherrenschaft eindrucksvoll fort. Man kann nur rätseln, weshalb die Stadt und das Land nicht ebenfalls des Mutes zu einer ähnlichen Prägnanz ihrer Projekte fähig waren; allen Vorhaben fehlte vermutlich eine tragende visionäre Dimension, was davon vielleicht in Ansätzen vorhanden gewesen sein mag, ging im Dschungel der Fraktionskämpfe, der Einzelinteressen und der Profitmaximierung unter.

In Salzburg wurde in den letzten Jahrzehnten viel von »altstadtgerechtem« Bauen gesprochen; was darunter tatsächlich zu verstehen ist, demonstriert ein Häuserblock in der Griesgasse. Verlegen mit »historistischen« Mätzchen kaschierte Fassaden führen die bestehende Unfähigkeit einer Einfühlung in die historische Baustruktur der Stadt drastisch vor Augen. Es scheint in Salzburg leider noch immer zu gelten, daß Natursteindetails, Schmiedeeisen oder gar »eloxiertes Barock« (Achleitner) die Kommissionen eher überzeugen als eine »stadtgerechte« Struktur, die freilich auf historischen Aufputz verzichten kann. Wilhelm Holzbauer hat in seinen Architekturen (St. Virgil und Naturwissenschaftliche Fakultät in Freisaal) zu einem »salzburgischen« Motiv gefunden, das sich nahtlos und organisch in das Bauganze fügt; es sind das seine schmalen und langgezogenen »Gassenschächte«, die (wie die schmalen Gassen der Altstadt) seine Gebäude verkehrsmäßig erschließen. In diesen oben verglasten, am Baukörper entlangziehenden »Gassen« liegen die Treppen und Galerien: hier lassen sich, verwandelt zwar, wiederum spezifisch »salzburgische« Räume erleben.

Neben dieser strukturellen Bezugnahme auf ein Salzburger Baumotiv mögen sich seine Natursteindetails an der Naturwissenschaftlichen Fakultät eher vordergründig ausnehmen. Es ist dies eine »maniera Salisburgensis«, wie er selbst es bezeichnet, es ist das Zitat lediglich einer Fiktion: Nagelfluh war ja ursprünglich immer geschlämmt, was in Salzburg in Vergessenheit geraten zu sein scheint. Diese »Steingerechtigkeit« hat schließlich sogar dazu geführt, daß die steinernen Gewände der Kollegienkirche bei der Restaurierung — entgegen den Ergebnissen der Bauuntersuchung — sichtbar bleiben mußten; den Naturstein wollen die heutigen Salzburger anscheinend immer und überall vor Augen haben — vielleicht suchen sie in seiner Festigkeit unbewußt einen Halt?

SALZBURG ALS »BÜHNE«

Seit Erzbischof Markus Sittikus ist die Theaterleidenschaft in Salzburg groß; der schon zitierte Kaspar Riesbeck berichtet: »Die Theaterwut herrscht hier so stark ... und man lechzt nach der Ankunft einer fahrenden Schauspielergesellschaft wie im äußersten Sibirien nach der Wiederkehr des Frühlings.« Auch heutzutage sehnt sich Salzburg nach der Ankunft der Musiker, Schauspieler, Dirigenten, Fernseh-

Kleines Festspielhaus, Zeichnung von Clemens Holzmeister, 1937

leute und Besucher, vielleicht ist es aber doch eine andere Belebung als damals, die man erhofft.

Die Salzburger Festspielidee entwuchs organisch den Mozartfesten. Zwar nahmen schon 1906 die neuen Gedanken Gestalt an, aber erst 1917 konstituierte sich die »Festspielhausgemeinde« in Wien; die Bannerträger der neuen Idee waren Franz Schalk, Richard Strauss, Max Reinhardt, Hugo von Hofmannsthal und Alfred Roller. Das Besondere dieser Salzburger Festspielidee war es, die Stadt, ihre Plätze und Höfe in das theatralische und musikalische Geschehen miteinzubeziehen. Die Stadt selbst, ihr einzigartiger Prospekt, sollte Aufführungsort werden und nicht irgendein isolierter Theaterraum.

Es mag sein, daß Salzburg diese »Inszenierung« auf Grund seiner Baugestalt, seiner Geschichte und seiner »Natur« geradezu herausgefordert hat. Durch die Säkularisation war in den Gebäuden gleichsam ein Vakuum entstanden, sie waren zweckentfremdet oder unbenutzt. Das theatralische oder musikalische Geschehen sollte, für wenige Tage wenigstens, im Spiel die alten Gehäuse beleben, etwas vom Geist der künstlerischen Vergangenheit der Stadt wiederauferstehen lassen. Religiosität in einem alten, sinnlich-theatralischen Kleid wurde wiederentdeckt — die geistlichen Spiele waren getragen von einem tiefen Interesse für den heidnischen Mythos und die christliche barocke Gläubigkeit. Theater hatte für die Initiatoren der Festspiele etwas Gleichnishaftes, Metaphysisches, das am ehesten auf den Plätzen und in den Höfen, dort eben, wo reale Geschichte sich ereignet hatte, Gestalt werden konnte. Die Domfassade wurde zur Kulisse für den »Jedermann« und war gerade deswegen so glaubhaft und eindrucksvoll, weil ihr dieser »Kulissencharakter« immer schon mitgegeben war, weil schon ihre Erbauer das als einen entscheidenden Charakterzug in sie hineingelegt hatten. Serenaden in den Höfen,

Menuette in Hellbrunn — in Salzburg brauchte man nur die Lokalgeschichte zu inszenieren, am originalen Ort die alten Stücke spielen, und man konnte Feste bieten, bei denen das Gelingen nur von der Bereitschaft der Besucher abhing, sich der Festesfreude hinzugeben. Es ist sicher nicht leicht, zumal in unserer Zeit, solch eine Idee am Leben zu erhalten; finanzielle Überlegungen und Rücksichtnahmen und Zahlenkolonnen, die der Rechenstift schreibt, vermögen nur allzuschnell ein schönes Konzept zu überwuchern.

Die Stadt stellt indes unverändert ihren »Bühnencharakter« zur Verfügung, ihre kulissenhaften Fassaden, die so wenig »Körper« besitzen — ist es da nicht seltsam, wenn sich das Spiel immer mehr in die Häuser zurückzieht, wenn außerordentliche Spielstätten wie die Felsenreitschule einem konventionellen Theater angeglichen werden? Die Auseinandersetzung mit dem Geist Salzburgs ist schwierig, sie ist vielleicht in der artifiziellen Atmosphäre der Schnürböden und ephemeren Kulissen eher zu bewältigen als in der realen Stadt. Der »bodenlose« Grund dieser Stadt, ihr »Hängen« und ihr »bleiernes Wesen« erfordern ständige Bewegung, Musik und Spiel als Therapie, so wie man früher ununterbrochenes Tanzen gegen die Wirkung der Bisse giftiger Schlangen verordnete. Das Theater, die Musik und das Spiel sind *die* angemessenen Verhaltensweisen gegen die »Krankheit« dieser Stadt, gegen den »Morbus Austriacus«, den Jean Améry diagnostiziert hat, wobei er Salzburg als besonders betroffenes Gebiet ansah: »Da aber Österreich und namentlich das Grenzgebiet um Salzburg als Landschaft, Stadtbild und Heimat sozusagen *im Leeren hängen* — denn: was sind sie? deutsches Land? österreichisches? — baumelt man mit ihnen in einem geisterhaften Raum, der politisch, gesellschaftlich, national nicht definierbar ist.«

LITERATURHINWEISE

Aus Festschriften, Zeitschriftenreihen und Handbüchern werden einzelne Beiträge nur ausnahmsweise zitiert. Die Auswahl der angegebenen Literatur ist unvollständig und sehr subjektiv, manches mag auch abgelegen erscheinen, kann aber neue Blickwinkel erschließen. Vieles zur Frühzeit Salzburgs verdanke ich Gesprächen mit Peter Wind, Stefan Karwiese, Adolf Hahnl und Ivo Pomper.

Handbücher und Allgemeines: Heinz Dopsch und Hans Spatzenegger, Geschichte Salzburgs, Bd. I 1, 2, Salzburg 1983. — Mitteilungen der Gesellschaft für Salzburger Landeskunde (MGSL), Bde. 1—125 (1985). — Franz Fuhrmann, Salzburg in alten Ansichten, Die Stadt, Salzburg 1963. — Ulrich Nefzger, Josef Dapra, Salzburg und seine Brunnen, Salzburg 1980. — Wilfried Schaber, Salzburg Stadtführer, Salzburg 1985. — Wolfgang Steinitz, Salzburg Kunst- und Reiseführer, Salzburg 1986. — Einleitung: Über den Genius loci, Kunstforum 69, 1/84, Köln 1984. — Walter F. Otto, Die Bahn der Götter, in: Die Wirklichkeit der Götter, Hamburg 1963. — Christian Norberg-Schulz, Genius loci, Stuttgart 1982. — Peter Handke, Der Chinese des Schmerzes, Frankfurt 1983. — Günther Bandmann, Ikonologie der Architektur, in: Politische Architektur in Europa, hrsg. v. Martin Warnke, Köln 1984.

Frühzeit und Mittelalter: Festschrift Erzabtei St. Peter 582—1982, Salzburg 1982. — St. Peter in Salzburg, Ausstellungskatalog, Salzburg 1982. — Symposion 1974 »Salzburg im 8. Jahrhundert«, in: MGSL 115/1975. — Symposion 1982 »Frühes Mönchtum in Salzburg«, in: Salzburg Diskussionen Nr. 4, hrsg. v. E. Zwink, Salzburg 1983. — Symposion 1984 »Der heilige Virgil und seine Zeit«, in: »Virgil von Salzburg — Missionar und Gelehrter«, Salzburg 1985. — Festschrift 1200 Jahre Dom zu Salzburg, Salzburg 1974. — Heinrich Engelgrave, Lux evangelica sub velum sacrorum emblematum . . . Pars I, Köln 1655. — Friedrich Ohly, Schriften zur mittelalterlichen Bedeutungsforschung, Darmstadt 1977. — Der Physiologus, übertragen von Otto Seel, Zürich 1960. — Grete Lesky, Barocke Embleme, Graz o. J. (S. 80 z. T. mißverstanden. Die Embleme des Novizengangs in St. Peter demnächst von Adolf Hahnl, Jahrbuch für christliche Kunst, München 1987). — Eugippius, Das Leben des hl. Severin, hrsg. v. Rudolf Noll, Linz 1947. — Severin zwischen Römerzeit und Völkerwanderung, Ausstellungskatalog Enns 1982. — Alois Huber, Die Ecclesia Petena der Salzburger Urkunden, in: Archiv f. österr. Geschichte, Bd. 37, Wien 1867. — Stefan Karwiese, Die Franken und die Suffragane Aquileias, in: Jahreshefte des Österreichischen Archäologischen Instituts, Bd. 51. — Hermann Vetters, Die mittelalterlichen Dome Salzburgs, in: Virgil von Salzburg, hrsg. v. H. Dopsch, Salzburg 1985 (dort auch die gesamte ältere Literatur). — Franz Wagner, Bemerkungen zur Aufrißrekonstruktion des ersten Salzburger Dombaues, in: MGSL 120/121, Salzburg 1980/81. — Franz Pagitz, Die mittelalterlichen Dome in historischer Sicht, in: 1200 Jahre Dom zu Salzburg, Salzburg 1974. — Fritz Moosleitner, Bemerkungen zur Baugeschichte der mittelalterlichen Dome zu Salzburg, in: Festschrift für Franz Fuhrmann, Klagenfurt o. J. (1981). — Stefan Karwiese, Erster vorläufiger Gesamtbericht über die Ausgrabungen zu St. Peter in Salzburg, in: Festschrift Erzabtei St. Peter, Salzburg 1982. (Das karolingische Kapitell in St. Peter wird der Autor demnächst publizieren.) — Hans Sennhauser, Mausoleen, Krypten, Klosterkirchen und St. Peter I—III, in: Frühes Mönchtum in Salzburg, Salzburg Diskussionen Nr. 4, 1983. — Bernhard Bischoff, Die südostdeutschen Schreibschulen und Bibliotheken in der Karolingerzeit, Teil II, die vorwiegend österr. Diözesen, Wiesbaden 1980. — Hans Jantzen, Das Wort als Bild in der frühmittelalterlichen Buchmalerei, in: Über den gotischen Kirchenraum u. a. Aufsätze, Berlin 1951. — Wilhelm Messerer, Vorromanische und romanische Kunst, in: Handbuch der bayerischen Geschichte, hrsg. v. Max Spindler, 1. Bd., München 1967. — Heinrich Fichtenau, Mensch und Schrift im Mittelalter, Wien 1946. — Peter Wind, Zum Skriptorium des Salzburger Domstifts (1122—1514), in: 900 Jahre Stift Reichersberg, Ausstellungskatalog, Linz 1984. — Heinz Dopsch, Das Domstift Salzburg, ebendort. — Wilhelm Messerer, Romanische Portale in Salzburg und Reichenhall, in: MGSL 117, 1977. — Franz Pagitz, Versuch einer Rekonstruktion des Konrad III.-Domes, in: 1200 Jahre Salzburger Dom, Salzburg 1974. — Franz Spechtler, M. Korth, N. Ott, Der Mönch von Salzburg, München 1980. — Wolfgang Steinitz, Die Salzburger Plastik um 1400, bes. Auftraggeber und Stifter, in: Spätgotik in Salzburg, Ausstellungskatalog, Salzburg 1976. — Ders., Salzburg, Die Altenmarkter Madonna, in: Die Parler Bd. 1, Ausstellungskatalog, Köln 1978. — Robert Suckale, Die Sternberger Schöne Madonna, in: Die Parler, Bd. 5, Köln 1980. — Franz Wagner, Die Säule die die Kirche trägt, in: Alte und Moderne Kunst 198/199, 1985. — Franz Fuhrmann, Der Chor der Franziskanerkirche in Salzburg und sein »Maßgrund«, in: Festschrift für Karl Oettinger, Erlangen 1967. — Gerhard Walterskirchen, Musik auf der Festung Hohensalzburg, in: 900 Jahre Festung Hohensalzburg, Salzburg 1977. — Andreas Prater, Mantegnas Cristo in Scurto, in: Zeitschrift für Kunstgeschichte Bd. 48, 1985. — Alois Kieslinger, Geist im Stein, in: Alte und Moderne Kunst 58/59, 1962. — Clive Foss, Ephesus after Antiquity, Cambridge 1979. — Wilhelm Brockhoff, Studien zur Geschichte der Stadt Ephesos vom 4. nachchristlichen Jahrhundert bis zu ihrem Untergang in der ersten Hälfte des 15. Jahrhunderts, Jena 1905.

Neuzeit: Wilfried Schaber, Der spanische Wellenburg-Teppich im Salzburger Museum Carolino Augusteum, in: Weltkunst, 54. Jg., Nr. 14, München 1984. — Robert v. Schneider, Die Erzstatue vom Helenenberge, Wien 1893. — Johann Sallaberger, Johann v. Staupitz, in: Festschrift Erzabtei St. Peter, Salzburg 1982. — Johann Stainhauser, Das Leben, Regierung und Wandel des . . . Herrn Wolff Dietrichen, in: MGSL 13, 1873. — Ders., Beschreibung des Domes, in: MGSL 31, 1891. — Wilhelm Pinder, Zur Physiognomik des Manierismus, in: Die Wissenschaft am Scheideweg von Leben und Geist, Festschrift für Ludwig Klages, hrsg. v. Hans Prinzhorn, Leipzig 1932. — Franz Martin, Salzburgs Fürsten in der Barockzeit, Salzburg 1949. — Kurt Rossacher, Der Schatz des Erzstiftes Salzburg, Salzburg 1966. — Richard Kurt Donin, Vincenzo Scamozzi, Innsbruck 1948. — Vincenzo Scamozzi, Grundregeln der Baukunst . . . Nürnberg 1678. — Die Salzburger Skizzenbücher des Paulus van Vianen, Ausstellungskatalog des Salzburger Barockmuseums, 1983. — Franz Fuhrmann, Der barocke Dom - Form und Herkunft, in: 1200 Jahre Dom zu Salzburg, Salzburg 1974. — Gottfried Boehm, Studien zur Perspektivität, Heidelberg 1969. — Wolf Lepenies, Melancholie und Gesellschaft, Frankfurt am Main 1969. — Günther Bandmann, Melancholie und Musik, Köln 1960. — Martin Ninck, Die Bedeutung des Wassers im Kult und Leben der Alten, Darmstadt ²1960. — C. G. Jung, Mysterium coniunctionis, Zürich 1955. — Henning Eichberg, Geometrie als barocke Verhaltensnorm, in: Zeitschrift für historische Forschung, Bd. 4, 1977. — Stefan Hiller, Nobilitas et religio — Zur Baugeschichte und Bedeutung der Dombögen, in: Katalog zum Dommuseum, Salzburg 1981. — Franco Cavarocchi, Künstler aus dem Valle Intelvi in Salzburg und Österreich, in: MGSL 119, 1979. — Hans Sedlmayr, J. B. Fischer von Erlach, Wien ²1976. — Franz Fuhrmann, J. B. Fischer von Erlach und das »Salzburgische«, in: Ceterum Nr. 6, Salzburg 1966. — Romuald Bauerreiss, Fons sacer, München 1949. — Friedrich Muthmann, Mutter und Quelle, Basel 1975. — Heinrich Lützeler, Zur Ikonographie des Pferdes in der barocken Kunst, in: Festschrift für Karl Lohmeyer, Saarbrücken 1954. — Barock in Salzburg, Festschrift für Hans Sedlmayr, hrsg. v. Johannes Graf von Moy, Salzburg 1977. — Reformation, Emigration, Protestanten in Salzburg, Ausstellungskatalog Salzburg 1981. — Otto Mayr, Die Uhr als Symbol für Ordnung, Autorität und Determinismus, in: Die Welt als Uhr, Ausstellungskatalog, hrsg. v. Klaus Maurice und Otto Mayr, München 1980. — Peter Gendolla, Die Einrichtung der Zeit, in: Augenblick und Zeitpunkt, hrsg. v. Christian W. Thomsen und Hans Holländer, Darmstadt 1984. — Géza Rech, Das Salzburger Mozartbuch, Salzburg 1986. — Stefan Miedaner, Salzburg unter bayerischer Herrschaft, in: MGSL 125, 1985. — G. Plasser, E. Kamenicek, Ch. Krejs, Die Stadterweiterung Salzburgs im 19. Jahrhundert, in: Kunsthistoriker, Jg. I/4 u. II/1, 1985. — Kaspar Riesbeck, Briefe eines reisenden Franzosen über Deutschland, Bd. 1,²1784. — Friedrich Achleitner, Österreichische Architektur im 20. Jahrhundert, Bd. 1, Salzburg 1980. — Wilhelm Holzbauer, Bauten und Projekte 1953—1985, Salzburg 1985. — Jean Améry, Morbus Austriacus, Bemerkungen zu Thomas Bernhards »Die Ursache« und »Korrektur«, in: Merkur 30, Heft 1, Stuttgart 1976.

INHALT

Ein Salzburger Widerspruch 5
Gedanken über das »Salzburgische« der Stadt 6
    Salzburg zwischen Fels und Fluß 6
    »Euch regiert der Schatten« 8
    Genius loci 8

BILDTEIL

Salzburgs Anfänge — frühes Mönchstum 89
    Im Fels ist Zuflucht — petra refugium 90
    Der hl. Severin 90
    Der Wanderbischof Hrodpertus 91
    Ecclesia petena — Aquileia und Salzburg in den »dunklen« Jahrhunderten ... 93
    Virgil aus Irland 94
    Erzbischof Arn — Salzburg wird Metropole 97
    Der Virgildom, heilige Bücher und Tassilos Kelch 98
Macht und Askese — Salzburgs Größe und seine blühende Klosterkultur 103
    Der Dombau Konrads III. 106
    Die Macht der Ratio 108
    Mystikerkreuze und »Schöne Madonnen« 108
    Himmlische und irdische Liebe 109
    »Historismus« in St. Peter 110
    »Herbst des Mittelalters« 111
    Purpurne Steine 115
Eine neue Zeit bricht an 116
    Renaissance in Salzburg 116
    Die »sonderbare Baulust« eines Erzbischofs 118
    Wolf Dietrich und Vincenzo Scamozzi 119
    Geometrie als Ordnungsmacht 120
    Steinbock und Löwe 122
    Wasser, Musik und Melancholie 123
    Salz — das Geheimnis der Verbindung 125
    Paris Lodron — »Vater des Vaterlandes« 125
    Der Solari-Dom 126
    Ein Patron der edlen Bau- und Wasserkunst 127
    Fischer von Erlach und Salzburg 127
    Der Altar als Lebensbrunnen 129
    Gewaltsame Zähmung 130
    Fürst-Erzbischof Firmian — »des Lands Uhr« 132
    Wolfgang Amadeus Mozart 132
Salzburg verliert seine Selbständigkeit und wird Provinz 135
    Die Romantiker entdecken Salzburg 136
    Das Geschenk des Kaisers 137
    Salzburg und die moderne Architektur 138
    Salzburg als »Bühne« 139

Literaturhinweise 141
Bildnachweis 144

BILDNACHWEIS

Seite

- 4 Franz Fuhrmann, Salzburg in alten Ansichten, die Stadt, Nr. 33, Taf. 17, Salzburg 1963
- 89 Henrik Engelgrave, Lux Evangelica sub velum sacrorum emblematum recondita in anni dominicas selecta historica, Pars I, S. 184, Emblema XV »veni columba mea in foraminibus petrae«, Köln 1655
- 91 Alois Huber, Geschichte der Einführung und Verbreitung des Christentums in Südostdeutschland, Bd. I, S. 96, Taf. II, 3, Salzburg 1874
- 95 Amand Pachler, Brevis historia ... Speluncae seu Eremitorii, Taf. 3, Salzburg 1661
- 100 Im Brunnenhaus des Kreuzgangs als Spolie eingebaut (nicht zugänglich)
- 102 Ornament vom Tassilokelch
- 107 Hartmann Schedel, Weltchronik, fol. 152 v—153 r, Nürnberg 1493
- 111 Michael Walz und Carl von Frey, Grabdenkmäler in Salzburg von 1235—1600, S. 32, Nr. 21, Salzburg 1867—1874. Auch als Beilage der MGSL ab 1867. Der Zeichner war Carl von Frey
- 113 Vgl. Fuhrmann, Nr. 135, Abb. 50
- 117 Petrus Apianus, Inscriptiones sacrosanctae vetustatis, S. 414, Ingolstadt 1534
- 119 Vincenzo Scamozzi, Grundregeln der Baukunst oder klärliche Beschreibung der fünff Säulenordnungen und der ganzen Architektur, fol. 133, Nürnberg 1678. In der deutschen Ausgabe wurden die Illustrationen der Erstausgabe nachgestochen bzw. die Platten wiederverwendet
- 121 Vgl. Fuhrmann, Nr. 58, Taf. 36
- 122 Wappen an der Südkonche des Doms
- 123 Athanasius Kircher, Musurgia universalis sive ars magna consoni et dissoni, Bd. II, Taf. XXI, S. 342, Rom 1650
- 125 Vgl. Fuhrmann, Nr. 24, Taf. 9b (Detail) Vgl. Fuhrmann, Nr. 44, Taf. 27
- 131 Fr. Müller nach August Franz Heinrich Naumann, kolorierte Umrißradierung, um 1795
- 133 Georg Nikolaus von Nissen, Biographie W. A. Mozarts, gegenüber S. 51, Leipzig 1828
- 136 Vgl. Fuhrmann, Nr. 157, Taf. 102

Das Erzstift St. Peter hat freundlicherweise die Erlaubnis erteilt, das Kapitell (Seite 100) zu photographieren und abzubilden, es hat außerdem in liberaler Weise die Vorlagen für die Abbildungen auf den Seiten 95 und 133 zur Verfügung gestellt. Herr Landeskonservator Dipl.-Ing. Walter Schlegel hatte die Güte, die Vorlage für die Abbildung auf Seite 119 bereitzustellen, Architekt Wilhelm Holzbauer zeichnete auf Wunsch die »Galerie« auf Seite 138. Das Museum Carolino Augusteum überließ die Photos für die Abbildungen auf den Seiten 107, 131 und 137. Die Photos für die Bilder auf den Seiten 95, 119 und 133 fertigte Bruno Smetana, jene auf den Seiten 100 und 122 Werner Schnelle. Allen, die bei der Beschaffung des Abbildungsmaterials bereitwillig halfen, sei an dieser Stelle nochmals herzlich gedankt.